中国传统民俗文化
——建筑系列

中国古塔

徐静茹 编著

中国商业出版社

Yuangu De

Beiying

Wenhua De Shenyun

图书在版编目（CIP）数据

中国古塔 / 徐静茹编著. -- 北京：中国商业出版社，2014.12
　　ISBN 978 - 7 - 5044 - 8586 - 1

Ⅰ. ①中… Ⅱ. ①徐… Ⅲ. ①塔 - 古建筑 - 研究 - 中国 Ⅳ. ①K928.75

中国版本图书馆 CIP 数据核字（2014）第 299285 号

责任编辑：常松

中国商业出版社出版发行
010 - 63180647　www.c-cbook.com
（100053 北京广安门内报国寺 1 号）
新华书店总店北京发行所经销
北京飞达印刷有限责任公司
*
710×1000 毫米　16 开　12.5 印张　200 千字
2015 年 1 月第 1 版　2015 年 1 月第 1 次印刷
定价：25.00 元
*　*　*
（如有印装质量问题可更换）

《中国传统民俗文化》编委

主　编	傅璇琮	著名学者，原国务院古籍整理出版规划小组秘书长，清华大学古典文献研究中心主任教授，原中华书局总编辑
顾　问	蔡尚思	著名历史学家，中国思想史研究专家
	卢燕新	南开大学文学院副教授
	王永波	四川省社会科学院文学研究所副研究员
	叶　舟	中国思维科学研究院院长，清华大学、北京大学特聘教授
	于春芳	北京第二外国语学院教授
	杨玲玲	西班牙文化大学文化与教育学博士
编　委	陈鑫海	首都师范大学中文系博士
	李　敏	北京语言大学古汉语古代文学博士
	赵　芳	出版社高级编辑，曾编辑出版过多部文化类图书
	韩　霞	山东教育基金会理事，作家
	陈　娇	山东大学哲学系讲师
	吴军辉	河北大学历史系讲师
	石雨祺	出版社高级编辑，曾编辑出版过多部历史类图书
	王　欣	全国特级教师
策划及副主编	王　俊	

序　言

　　中国是举世闻名的文明古国,在漫长的历史发展过程中,勤劳智慧的中国人,创造了丰富多彩、绚丽多姿的文化,可以说人创造了文化,文化创造了人,这些经过锤炼和沉淀的古代传统文化,凝聚着华夏各族人民的性格、精神、智慧,是中华民族相互认同的标志和纽带。在人类文化的百花园中摇曳生姿,展现着自己独特的风采,对人类文化的多样性发展做出了巨大贡献。中国传统民俗文化内容广博,风格独特,深深地吸引着世界人民的眼光。

　　正因如此,我们必须深入学习贯彻十八届三中全会精神,按照中央的规定,加强文化建设。2006年5月,时任浙江省委书记的习近平同志就已提出:"文化通过传承为社会进步发挥基础作用,文化会促进或制约经济乃至整个社会的发展。"又说:"文化的力量最终可以转化为物质的力量,文化的软实力最终可以转化为经济的硬实力"(《浙江文化研究工程成果文库总序》)。今年他去山东考察时,又再次强调:中华民族伟大复兴,需要以中华文化发展繁荣为条件。

　　学习习近平同志的重要讲话,确可体会到,在政治、经济、军事、社会和自然要素之中,文化是协调各个要素协同发展、相关耦合的关键。正因为此,我们应该对华夏民族文化进行广阔、全面的检视。我们应该唤醒我们民族的集体记忆,复兴我们民族的伟大精神,发展和繁荣中华民族的优秀文化,为我们民族在强国之路上阔步前行创设先决条件。

实现民族文化的复兴,更必须传承中华文化的优秀传统。现代中国人,特别是年轻人,对传统文化十分感兴趣,蕴含感情。但当下也有人对具体典籍、历史事实不甚了解,比如说,中国是书法大国,谈起书法,有些人或许只知道些书法大家如王羲之、柳公权等等的名字,知道《兰亭集序》是千古书法珍品,仅此而已。再比如说,我们都知道中国是闻名于世的瓷器大国,中国的瓷器令西方人叹为观止,中国也因此而获得了"瓷器之国"(英语 china 的另一义即为瓷器)的美誉。然而关于瓷器的由来、形制的演变、纹饰的演化、烧制等等瓷器文化的内涵,就知之甚少了。中国还是武术大国,然而国人的武术知识,或许更多地来源于一部部精彩的武侠影视作品,对于真正的武术文化,我们也难以窥其堂奥了。我们还是崇尚玉文化的国度,我们的祖先,发现了这种"温润而有光泽的美石",并赋予了这种冰冷的自然物以鲜活的生命力和文化性格,例如"君子当温润如玉"、女子应"冰清玉洁"、"守身如玉";"玉有五德",即"仁"、"义"、"智"、"勇"、"洁",等等。今天,熟悉这些玉文化的内涵的国人,也为数不多了。

也许正有鉴于此,有忧于此,近年来,已有不少有志之士,开始了复兴中国传统文化的努力,读经热开始风靡海峡两岸,不少孩童乃至成人,开始重拾经典,在故纸旧书中品味古人的智慧,发现古文化历久弥新的魅力。电视讲坛里一波又一波对古文化的讲述,也吸引着数以万计的人们,重新审视古文化的价值。现在放在读者眼前的这套"中国传统民俗文化丛书",也是这一努力的又一体现。我们现在确应注重研究成果的学术价值和应用价值,充分发挥其认识世界、传承文化、创新理论、咨政育人的重要作用。

中国的传统文化内容博大,体系庞杂,该如何下手,如何呈现?这套丛书处理得可谓系统性强,别具心思。编者分别按物质文化、制度文化、精神文化等方面来分门别类地进行组织编写,例如在物质文化的层面,就有中国古代纺织、中国古代酒具、中国古代农具、中国古代青铜器、中国古代钱币、中国古代石刻、中国古代木雕、中国古代建筑、中国古代砖瓦、中国古代玉器、中国古代陶器、中国古代漆器、中国古代桥梁等等。

在精神文化的层面,就有中国古代书法、中国古代绘画、中国古代音乐、中国古代艺术、中国古代篆刻、中国古代家训、中国古代戏曲、中国古代版画等等;在制度文化的层面,就有中国古代科举、中国古代官制、中国古代教育、中国古代军队、中国古代法律等等。

此外,在历史的发展长河中,中国各行各业还涌现出一大批杰出的人物,至今闪耀着夺目的光辉,启迪后人,示范来者,对此,这套丛书也给予了应有的重视,中国古代名将、中国古代名相、中国古代名帝、中国古代文人、中国古代高僧等等,就是这方面的体现。

生活在21世纪的我们,或许对古人的生活颇感好奇,他们的吃穿住用如何?他们如何过节?如何安排婚丧嫁娶?如何交通?孩子如何玩耍?等等。这些饶有兴趣的内容,这套中国传统民俗文化丛书,都有所涉猎,例如中国古代婚姻、中国古代丧葬、中国古代节日、中国古代风俗、中国古代礼仪、中国古代饮食、中国古代交通、中国古代家具、中国古代玩具、中国古代鞋帽等等,这些书籍介绍的,都是人们深感兴趣,平时却无从知晓的内容。

在经济生活的层面,这套丛书安排了中国古代农业、中国古代纺织、中国古代经济、中国古代贸易、中国古代水利、中国古代车马、中国古代赋税等等内容,足以勾勒出古人经济生活的主要内容,让今人得以窥见自己祖先曾经的经济生活情状。

在物质遗存方面,这套丛书则选择了中国古镇、中国古楼、中国古寺、中国古陵墓、中国古塔、中国古战场、中国古村落、中国古街、中国古代宫殿、中国古代城墙、中国古关等内容。相信读罢这些书,喜欢中国古代物质遗存的读者,已经能大致掌握这一领域的大多数知识了。

除了上述内容外,其实还有很多难以归类却饶有兴趣的内容,例如中国古代的乞丐这样的社会史内容,也许有助于我们深入了解这些古代社会底层民众的真实生活情状,走出武侠小说家们加诸他们身上的虚幻不实的丐帮色彩,还原他们的本来面目,加深我们对历史真实的了解。继承和发扬中华民族几千年创造的的优秀文化和民族精神是我们责无旁贷的历史责任。

不难看出，单就内容所涵盖的范围广度来说，有物质遗产，有非物质遗产，还有国粹。这套丛书无疑当得起"中国传统文化的百科全书"的美誉了。这套书还邀约了大批相关的专家、教授参与并指导了稿件的编写工作。应当指出的是，这套书在写作中，既钩稽、爬梳大量古代文化文献典籍，又参照近人与今人的研究成果，将宏观把握与微观考察相结合。在论述、阐释中，既注意重点突出，又着重于论证层次清晰，从多角度、多层面对文化现象与发展加以考察。这套丛书的出版，有助于我们走进古人的世界，了解他们的美好生活，去回望我们来时的路。学史使人明智。历史的回眸，有助于我们汲取古人的智慧，借历史的明灯，照亮未来的路，为我们中华民族的伟大崛起添砖加瓦。

是为序。

傅璇琮

2014年2月8日

前 言

当我们在广袤的神州大地上漫步时,我们不时地会看到一种造型独特的建筑物,或独立寒山,或深藏幽谷,或傍依江水,或雄踞旷野。它的外形好像亭台楼阁,但又不是亭台楼阁。最为奇特的,还是它那高高耸立的尖顶,有的像华美的伞盖,有的像巨大的宝珠。它就是我国古代建筑中的一朵奇葩——塔。

塔,源于佛教,本是佛祖的圣地,所以又称佛塔。塔的造型精美,多藏金、银、玛瑙等器物,所以又叫宝塔。

我国是世界上古塔最多、最丰富的国家之一。据相关资料统计,我国各地现存的古塔有3000多座。这些古塔,丰富多彩,千姿百态:从外观上分有单层塔、密檐塔、楼阁塔、喇嘛塔、傣族塔、花塔等,从材质上分有木塔、石塔、砖塔、金属塔、琉璃塔等。这一座座珍贵的古塔,蕴含了极高的艺术与文化研究价值,体现了我国古代劳动人民的智慧和创造力。

古塔虽有外来之缘,却是中华民族传统文化的硕果。

它是中国传统建筑艺术融合印度佛塔建筑的杰出创造。

中国古塔的发展历史漫长。从东汉开始,历魏晋南北朝、隋唐五代,迄宋元明清,在近两千年的岁月中,虽潮起潮落,却历久不衰。

中国古塔的形态繁丽多姿。其数量之大，种类之多，艺术价值之高，在世界上出类拔萃。据有关部门统计，中国现存的古塔数量不下三千座；而历史上曾经建造过的塔，其数目之多，不可胜数。

从东海之滨到西藏高原；从内蒙古一望无际的北方草原到西双版纳郁郁苍苍的南国丛林；不论是海港码头，还是河湖岸畔；不论是桥边路侧，还是山巅峻岭；不论是乡村原野，还是都市街头……这些古塔就像一颗颗璀璨的宝石、一朵朵艳丽的花朵，点缀在祖国的蓝天白云之下、青山绿水之间。

古塔，既是宗教的产物，更是人类智慧的结晶；既是砖、石、木组成的动人乐章，更是自然美与人工美结合的美妙诗篇。

本书介绍古塔时都配以精美图片，以期将中国古塔更直观地展现给广大读者。本书除可供广大读者鉴赏外，亦可作为中国古塔研究者和古塔爱好者的参考用书。

现在，就让我们一起去欣赏这些美妙绝伦的古塔吧！

目录

第一章　中国古塔发展简史

第一节　古塔起源与初步发展 2
- 塔的起源 2
- 中国塔的发展 4
- 蓬勃兴起的汉魏古塔 6
- 南北朝古塔 9

第二节　隋唐五代古塔 11
- 隋代古塔 12
- 唐代古塔 13
- 南诏古塔 14
- 五代古塔 16

第三节　宋元古塔 17
- 繁荣兴旺的宋辽古塔 17
- 金代古塔 20
- 元代古塔 22

第四节　明清古塔 25
- 继往开来的明清古塔 25
- 明清墓塔 27
- 明清文峰塔 28

第二章 古塔的构造与类型

第一节 古塔的构造
古塔建筑概述 ·· 32
古塔建筑形制 ·· 34
古塔主要建筑构成 ·· 35
古塔的建筑材料 ·· 38

第二节 古塔的类型
古塔的分类 ·· 42
古塔的类型 ·· 45

第三章 华北地区古塔

第一节 北京古塔
碧云寺金刚宝座塔 ·· 52
白云观真人塔 ·· 54
五塔寺金刚宝座塔 ·· 55
万佛堂花塔 ·· 56
广安门外天宁寺塔 ·· 57
通州燃灯塔 ·· 57
灵光寺佛牙舍利塔 ·· 59
妙应寺白塔 ·· 59
北海白塔 ·· 60

第二节 河北古塔
正定广惠寺花塔 ·· 63
开元寺定州塔 ·· 64
保定兴文塔 ·· 66

涞水庆化寺花塔 ……………………………………… 67

衡水宝云塔 …………………………………………… 68

故城庆林寺塔 ………………………………………… 69

灵寿幽居寺塔 ………………………………………… 70

临城普利寺塔 ………………………………………… 72

三河灵山塔 …………………………………………… 73

赤城重光塔 …………………………………………… 74

蔚县南安寺塔 ………………………………………… 75

正定须弥塔 …………………………………………… 76

正定天宁寺凌霄塔 …………………………………… 77

易县双塔庵双塔 ……………………………………… 78

第三节 山西古塔 …………………………………… 80

五台山塔院寺大白塔 ………………………………… 80

洪洞广胜寺飞虹塔 …………………………………… 81

临汾大云寺金顶宝塔 ………………………………… 82

山西应县佛宫寺释迦塔 ……………………………… 83

太原双塔 ……………………………………………… 85

蒲州莺莺塔 …………………………………………… 86

新绛龙兴塔 …………………………………………… 90

五台山显通寺塔 ……………………………………… 91

第四章 华东地区古塔

第一节 山东古塔 …………………………………… 94

济宁铁塔 ……………………………………………… 94

长清灵岩寺塔 ………………………………………… 95

历城四门塔 …………………………………………… 95

第二节 福建古塔 …………………………………… 97

福州涌泉寺千佛陶塔 ………………………………… 98

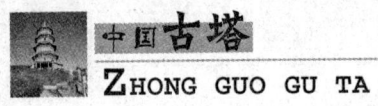

泉州开元寺双石塔 …… 98
石狮姑嫂塔 …… 99
仙游无尘塔 …… 101
长乐三峰塔 …… 101
福清瑞云塔 …… 102
福州罗星塔 …… 103

第三节　浙江古塔 …… 106

杭州雷峰塔 …… 106
杭州保俶塔 …… 107
天台国清寺隋塔 …… 108
杭州六和塔 …… 110

第四节　江苏古塔 …… 111

南京大报恩寺塔 …… 111
苏州虎丘塔 …… 112

第五章　华中地区古塔

第一节　河南古塔 …… 116

登封嵩岳寺塔 …… 116
开封铁塔 …… 117
洛阳白马寺齐云塔 …… 119
洛阳文峰塔 …… 120
睢县圣寿寺塔 …… 121
开封繁塔 …… 123
登封法王寺塔 …… 125
安阳文峰塔 …… 126
唐河泗洲塔 …… 127
永城崇法寺塔 …… 128

第二节　湖北与湖南古塔 …… 130
　　湖北武汉黄鹤楼圣象宝塔 …… 130
　　湖南桂阳东塔 …… 131

第六章　华南地区古塔

第一节　广西古塔 …… 134
　　富川瑞光塔 …… 134
　　南宁青山塔 …… 135
　　桂林日月双塔 …… 136

第二节　广东古塔 …… 138
　　惠州文笔塔 …… 138
　　潮州凤凰塔 …… 139
　　高州宝光塔 …… 140

第三节　海南古塔 …… 142
　　琼山涅槃塔 …… 142
　　文昌斗柄塔 …… 143

第七章　西南地区古塔

第一节　四川古塔 …… 146
　　达州龙爪塔 …… 146
　　邛崃镇江塔 …… 147

第二节　云南古塔 …… 149
　　大理佛图塔 …… 149
　　昆明官渡金刚塔 …… 150
　　大理崇圣寺三塔 …… 151

第八章　东北地区古塔

第一节　辽宁古塔 ... 154
锦州广济寺塔 ... 154
沈阳四塔 ... 155
铁岭白塔 ... 156
辽阳龙峰寺舍利塔 ... 158

第二节　吉林古塔 ... 159
长白山灵光塔 ... 159
白城洮南双塔 ... 161

第九章　西北地区古塔

第一节　新疆古塔 ... 164
吐鲁番苏公塔 ... 164
高昌故城塔婆式塔 ... 165

第二节　宁夏古塔 ... 168
银川一百零八塔 ... 168
银川海宝塔 ... 170
银川承天寺塔 ... 171

第三节　陕西古塔 ... 172
西安大雁塔 ... 172
西安小雁塔 ... 173
长安香积寺善导塔 ... 175
延安宝塔 ... 176
扶风法门寺塔 ... 178

参考书目 ... 181

第一章

中国古塔发展简史

　　从东汉时期第一座白马寺塔在洛阳诞生开始,到1911年清王朝灭亡为止,中国古塔走过了从萌芽成长、健康发展、繁荣兴旺到继往开来的完美历程。在古塔发展的各个阶段又有不同的造型艺术特色:汉魏时期的雄浑豪放,隋唐时期的丰腴圆润,宋辽时期的清秀典雅,明清时期的繁复华美。

第一节
古塔起源与初步发展

塔，是中国古代佛塔的简称，俗称宝塔。它起源于印度，辉煌在中华，誉满全世界。

塔在东汉时期由印度随佛教传入中国。这朵嫁接在中国传统文化百花园中的外来之花，在神州大地上逐渐发扬光大，成为具有中国气派的一朵灿烂光辉的奇葩。

塔的起源

印度把佛塔叫做"窣堵坡"或"塔婆"（梵语读音），翻译成中文的意思就是"墓冢"。我国古代通常把塔叫做"浮屠"或"浮图"。俗语"救人一命，胜造七级浮屠"中的浮屠就是佛塔的意思。

"窣堵坡"在印度是一种实心建筑物，它是由台座、覆钵、宝匣和相轮四部分组成的。覆钵是它的主体，形如一个倒扣在地上的钵子，钵子上的宝盒内存放着舍利。宝匣上是宇宙之树，相轮的原始形是由竿和三层圆形伞状华盖构成的。和覆钵比起来，宝匣和相轮的体积相对较小。关于它的起源在印度有两种说法，都和佛祖释迦牟尼有关。

其中一种是佛教说法：相传有一天，佛祖释迦牟尼的弟子从毗舍虔诚地向他询问，如何才能表达自己对佛祖的忠心，释迦牟尼对他说，在他涅槃之后，希望能在一座精舍内继续修行。弟子便问他精舍的形状，于是佛祖便解

第一章 中国古塔发展简史

开身上的方袍平铺在地面，在方袍上倒扣上化缘钵，形成"覆钵"，最后再在倒扣的覆钵上竖立一只锡杖，这样便做成了一座佛塔的雏型。在佛祖圆寂后，弟子们遵照佛祖的吩咐将其肉身火化，火化后形成了一颗"击之不碎、色彩晶莹"的珍珠，梵语便把这粒珠子叫做"舍利"，在佛教是修成正果的象征，并且认为这是神圣的舍利，为了珍藏它，便建造了覆钵形的三层佛塔来埋藏。

还有一种是民间说法：根据佛经《菩萨投身饲虎起塔因缘经·大正藏卷三》的记载，在2500年前的古印度摩诃国，国王的第三个王子叫乔达摩·悉达多（即佛教的创始人释迦牟尼），某一天他跟随父母以及两位王兄去郊游。当来到一个竹林深处时，小王子忽然听见前面有小老虎的啼叫声，便寻着声音前去，结果看见7只初生的虎崽正围着快要饿死的母虎在啼哭。于是小王子起了善心，决心用自己的肉来拯救饿虎，他把自己的衣服脱去，露出肉身去喂饿虎，可是饿极了的母虎却没有力气舔食王子，小王子就刺破自己的身体，使血液流经周身，让母虎可以舔食，母虎在慢慢地舔食王子的血液后恢复了力气，就吃了王子，救活了虎崽。当摩诃国王赶到的时候，小王子只留下了一堆白骨，摩诃国王便把小王子的白骨火化，并且建造了一座高高的三层坟墓来埋葬，而这座坟墓的式样便成了塔的雏形。

这两种说法哪一种在现在更为属实，很难推测。但是在印度，作为宗教建筑的佛塔就这样起源了。相传，佛教的始祖释迦牟尼逝世后，当时古印度的八个国王分取了火化的舍利，并建造了八座坟墓来供养。在这之后，佛教徒死后留下的骨灰大多放在塔内。伴随着佛教文化的日益兴盛，佛塔也随之日益增多。在古印度孔雀王朝的阿育王时代（公元前268—前232年），他们

西藏释迦牟尼唐卡

尊佛教为国教,在德干高原及印度河至恒河平原上佛塔如雨后春笋般出现,形成了"阿育王八万四千宝塔",为后世佛经所称赞。从此以后,塔的作用还出现了多样化,有了保存高僧的遗物或骨灰的墓塔。为增加塔的纪念价值,还有用来供奉佛像或佛经的佛塔。其中还有储存大量金银财宝的宝塔。因为当时各地建塔日益增多,使舍利和高僧的遗物供不应求,佛经就明确规定,若是没有舍利和高僧的遗物,就用金银财宝来充当这些舍利或遗物来埋葬,当然这些金银财宝也大大提高了佛塔的价值。

中国塔的发展

印度古塔传入中国后,与中华民族的文化有机地结合起来,逐渐往中国的高层建筑发展,最终超越了窣堵坡朴拙的外形,成了具有中国气派的宝塔。

首先是台座部分增高,形成塔身,并逐渐往中国传统的高层楼阁建筑发展,以满足人们将自己置身于高远空灵的境界之中,和天上的神仙拉近距离的愿望。其次是覆钵、宝匣和相轮则相对地缩小,并和中国传统的亭阁建筑上端结顶处的"宝顶"结合在一起,安置在塔顶。这种把覆钵、宝匣和相轮三位一体的印度窣堵坡风格在中国演化后称为"刹"。塔刹高耸,直冲云霄,四周用金属相轮匡匝,表示巡回九天。尖顶下安放宝瓶,有的在瓶内储存舍利。瓶下台基做成莲花托盘,表示达到"出淤泥而不染"的清净崇高境界。刹既具有宗教意义,又对塔起了装饰作用。我国的佛寺屋顶上也装饰有这种"刹",所以我国的佛教寺院也叫古刹。古塔的功能也增多了,塔内不仅藏有舍利或供奉佛像、佛经,以满足人们礼佛的需要,而且还可以登高远眺、镇风水、兴水运、作导航、望敌情、观

佛教塔

景色……

佛塔的传播方向如同佛教一样，大致分为三条路线进入中国。

第一条路线——北线。西汉后期，印度佛教开始传入西域地区；东汉时期，再到中原。这一路是佛教传入中国的主线，一般称为汉化佛教线，佛塔的建筑风格不断被中原的汉民族文化所吸收、融合，继而被完全汉化，使外来的佛塔成了"汉式塔"。在现存的中国古塔群体中，汉式塔的数量最多，造型最丰富，如楼阁式塔、密檐式塔、亭阁式单层塔、花塔等。

第二条路线——中线。公元7世纪，印度佛教密宗来到我国西藏，与西藏地方宗教（苯教）相融合，产生了藏传佛教（俗称喇嘛教）。此后喇嘛教传入内地，深得藏、蒙两族人民的信仰。而印度传入的佛塔立即被"藏化"，形成了既有印度古塔面貌，又有藏式建筑特色的新品种——"喇嘛塔"。这种古塔的隽雅身影很快走向了全国，成为仅次于汉式塔的第二大塔系。

第三条路线——南线。印度佛教由南部经泰国、缅甸传入中国云南省西南部的傣族居住区，佛塔的建筑风格在印度、缅甸特色的影响下，又融进了傣族文化的特点，故而南线塔称为"缅式塔"或"傣族塔"。此类塔只局限在云南省的西南部，数量极少。

中国古塔中有不少建有地宫。在地宫以上是塔基。印度的塔基比较低矮，传入中国以后塔基逐步得到抬高成为古塔装饰的重点。

塔是中国佛教建筑的重要组成部分。据史料记载，东汉永平十年（67年），东汉明帝信仰佛教，印度僧人迦叶摩腾和竺法兰两人用白马驮载佛经来到我国洛阳。第二年，东汉王朝在首都洛阳为他们建造了我国第一座佛教寺院白马寺。当时寺里用木材建造了中国第一座佛塔——白马寺塔，这座木结构的塔采取了中国传统的高层楼阁建筑与印度窣堵坡相结合的式样，供僧徒礼拜，佛塔从此在我国流传，可惜年代久远，当年实物已经不存在了。现存白马寺中的佛塔称为"齐云塔"，这是一座密檐式建筑，共13层，高24米，位于寺的东南，系金代建筑。

我国早期的佛寺平面布局大致和印度相同，塔居于佛寺的中间，是寺的主体。塔内藏有舍利，是教徒崇拜的对象。北魏熙平元年（516年），胡灵太后所建的永宁寺和佛塔，便是这时期布局的典型。到了唐代，在寺院的中心另建大殿，供奉佛像，进行佛事活动，出现了塔与殿并重的局面。后来，供奉佛像的佛殿逐渐成为寺院的主体，佛塔变得次要了。直至宋代，出现了将塔建于佛殿之后的布局方法，再往下发展，则打破了寺塔一体的局面，出现了有塔无寺、有寺无塔的情况，佛塔已经不独为佛祖一尊所享，出现多种塔共存，乃至僧人同葬于公墓的塔林。

印度佛塔在建筑形式和装饰艺术上的中国化，说明了外来佛教文化在中国大地上的适应性以及中国文化对外来文化的融化能力。同时也反映了外来的佛教文化只有得到中国人民的接受和喜爱，并按照中国人民的欣赏习惯进行改造，才有生命力。

蓬勃兴起的汉魏古塔

汉魏时期，是中国古塔的萌芽成长期，当时建造的塔大多是木塔，造型以方形的楼阁式塔为主。楼层一般为单数，从一级、三级、五级、七级到九级不等。据北齐魏收著的《魏书》记述，东汉时期建造的洛阳白马寺中，有我国第一座大方的楼阁式塔，这座塔便是木塔。木结构的可塑性大，中心是一根巨大的贯通上下的木柱；塔的外部结构便沿着中心木柱而建造，塔檐有较大的延伸，增加了张翼飞翔的跃动气势。桁条、斗拱负重承托，线条流畅柔和，门窗棂格形式多样。而且在塔柱、塔梁、门楣上，都可施以雕刻彩绘。因此木塔显得金碧辉煌，气宇轩昂，令人瞩目。

然而，木塔的缺陷也很多，它不仅易遭虫蛀腐蚀，而且易为风所压，为火所毁，因此保存期不长，留存后

应县木塔

世的更为少见。辽代所建的山西应县佛宫寺释迦塔,又称应县木塔,是留存至今的仅有的一座木结构塔。据有关文献记载,比应县佛宫寺释迦塔更高更大的洛阳永宁寺塔,有9层,每层塔檐的四角都悬有风铎,上下共有120金铎。塔为正方形,每面9间,举高90丈,在京师百里之外,便可遥遥见到,是北魏时期最宏伟的建筑,建成才3年,便被大火焚烧,令人惋惜。

公元2世纪末,有个叫笮融的安徽人在徐州造了一座浮屠寺,寺中的佛塔采取"下为重楼,上累金盘"的式样,"重楼"是指中国古代独立发展起来的木结构高层楼阁建筑;"金盘"则指具有古印度风味的宝匣和塔刹。这种木结构塔的形状可称得上是中国楼阁式塔的萌芽。

我国东汉末年,已在各地建造寺塔。《吴志·刘繇传》:"笮融者,丹阳人。初聚众数百,往依徐州牧陶谦。谦使督广陵、丹阳运漕……乃大起浮屠寺,以铜为人,黄金涂身,衣以锦采。垂铜槃九重,下为重楼,阁道可容三千余人。悉读佛经,令界内及旁郡人有好佛者听受道。每浴佛,多设酒饭,布席于路,经数十里。民人来观及就食者万人。"可知当时建造的是一座楼阁式塔,上施九重金属制作的相轮(铜槃)。

三国时代,吴国在江东,赤乌年间(238—250年)有僧人奉献舍利,吴大帝造建初寺塔以藏舍利。梁武帝时把它毁了,改建阿育王塔。《金陵梵刹志》记载:"在都城外南城,地离聚宝门一里许,即古之长干里。吴赤乌年日间,康僧会致舍利,吴大帝神其事,置建初寺及阿育王塔,实江南塔寺之始。后孙皓毁废。"旧抄本《明寺观志》记载:"大报恩寺,在聚宝门外,吴赤乌年间,有康居国异僧,领徒至长干里,结茅行道,能致如来舍利,孙权为建塔奉焉。名寺曰建初,实江南寺塔之始。"嘉庆《江宁府志》云:"报恩寺一曰建初寺,一曰长干寺,一曰阿育王寺,在聚宝门外聚宝山。吴赤乌间,天竺国人康僧会,东游至建业,言阿育王役鬼神起塔事。吴大帝诘难之,乃礼请,三七日得舍利,始大嗟服,即为建阿育王塔,号建初寺。言江南初建塔寺之始也。"

根据以上材料,可以得知三国时代的吴国,于建业(今江苏南京)已经开始造塔,实为江南造塔之先驱。可惜塔的遗物今已不存,但根据山东嘉祥宋山发现的汉画像石,第三石第二层所刻之图中有古"窣堵坡"形象,仍可看出当时塔的形状。这幅图画表现的是吴国季扎挂剑于徐君墓前的故事;中

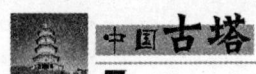

间是古墓，上植有一树，殆即塔刹，可资参考。此外，在新疆喀什附近的汗诺依城的土塔，很可能是汉末的遗物。

在东汉末年到魏晋这400年间，为了长久治安，大多数统治者提倡佛教，以换取一个太平盛世，因此这段时间内兴建了许多佛教建筑。中国的历代建筑大师们在吸收了印度、犍陀罗以及西域的佛教建筑艺术风格之后，再融合中国传统的高层楼阁建筑艺术，建造了独具东方色彩的中国式佛塔。这些佛塔大多和寺庙连在一起，而且在寺中占据主要地位。因为寄寓了佛塔是佛陀的身体或精神这一思想，所以也多以拜塔的形式来拜佛。每当斋会节日时，都有僧侣绕塔念佛，还会有众多人信众来礼拜，这无疑给宝塔增添了一道独特的景观。

知识链接

佛教

佛教的创始人为公元前6至前5世纪的古印度迦毗罗卫国王子乔达摩·悉达多，即释迦牟尼。佛教以无常和缘起思想来反对婆罗门的梵天创世说，以众生平等思想来反对婆罗门的种姓制度。佛教的基本教理有四谛、五蕴、八正道和十二因缘等，主张依经、律、论三藏，修持戒、定、慧三学，以达到断除烦恼修身成佛的目的。佛教在古印度的发展经历了几个阶段：最初以释迦牟尼自己所说的教义为原始佛教，其后因传承和见解不同形成部派佛教（上座部和大众部），后来又从部派佛教大众部中产生了大乘佛教，而把以前的佛教称为小乘佛教。

佛教在汉朝传入中国，在隋唐时期达到鼎盛，形成了唯识（法相）宗、律宗、天台宗、三论宗、禅宗、华严宗、净土宗、密宗8个主要派别。佛教是中国文化的重要组成部分。

南北朝古塔

我国南朝时代，历时 360 余年，是我国历史上战事频繁的时代。由于战乱，社会极不安宁，民不聊生，只好寄托于来世。故而，佛教在这一时期得到很大发展。这一时期开凿石窟、建造寺塔的数量比较多，尤其建塔，可说是盛极一时。

东晋时代，于吴国建初寺旧基上，建造长干寺。《金陵梵刹志》云："晋太康间，刘萨柯掘得舍利于长干里。晋简文帝咸安间，敕造三层长干塔。梁武帝大同间，诏修长干塔，南唐时废。"梁代诏修长干塔一事，除文献记载外，尚有"梁长干寺如来舍利塔砖"出土，其上刻着"大同三年岁在丁巳十月十五日敕造长干寺如来舍利塔砖陈庆之造"28 字。

浙江鄞县阿育王寺，有阿育王塔。据记载，西晋武帝太康二年（281年），有个叫刘萨柯的，在此地发现一古塔，高一尺四寸，广七寸，内悬宝磬，中辍舍利，是阿育王所造八万四千塔之一。到东晋义熙元年（805年），建亭供奉。刘宋元嘉十二年（435 年），昙摩密多建造寺与塔。又于梁大同六年（540 年），武帝诏越州守臣肖警重修寺宇。

在当时的中国，塔和寺组成了中国佛教的神圣天地。晚唐诗人杜牧在《江南春》的诗中就有记载："千里莺啼绿映红，水村山廓酒旗风。南朝四百八十寺，多少楼台烟雨中"。诗中"南朝四百八十寺"这一庞大的数字，并不是诗人的无故渲染。

阿育王塔

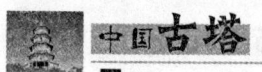

北朝佛教更盛，从平城（山西大同）到洛阳各地都建造佛寺，数目很多，同时广修佛塔。北魏一百多年，应是一个寺塔林立的时代。北朝的塔，以北魏为主。北魏的塔遗留到今天的有天安元年小石塔，这个塔曾存于山西朔县崇福寺内，在抗日战争时期被日军盗走。这座塔为方形楼阁式塔，从它的构造装饰等，可以看出北魏时代楼阁式塔的式样。

云冈石窟里的一些塔柱塔，形制各有变化。第1窟楼阁式塔，方形五层，第一层塔檐已毁，第二、第三层均有檐柱、斗拱、四坡水、塔身雕佛龛。第21窟，方形五层楼阁式塔，每面五间，带额枋、斗拱、四出檐。第5窟，为三层塔，塔门的平弧券、腰檐、塔刹、受花、相轮至今犹可辨出。第6窟，为方形九层，仿木结构楼阁式塔，塔身每面三龛，做擎檐柱，层层有腰檐。第1窟东壁刻有楼阁式单层塔，为北魏时代早期作品，上有山花蕉叶、覆钵、相轮。

北魏时代的最大木塔是洛阳永宁寺塔。《洛阳伽蓝记》载："永宁寺，熙平元年灵太后胡氏所立也。中有九层浮屠一所，架木为之，举高九十丈。有刹复高十丈，合去地一千尺，去京师百里遥，已见之。初掘基至黄泉下，得金像三十躯，太后以为信法之徵，是以营建过度也。刹上有金宝瓶，容二十五石。宝瓶下有承露金盘三十重，周匝皆垂金铎，铎大小如一石瓮子。浮屠有九级，角角皆悬金铎，合上下有一百二十铎。浮屠有四面，面有三户六窗，户皆金漆。扉上有五行金钉，合有五千四百枚。复有金环铺首。殚土木之功，穷造形之巧。佛事精妙，不可思议。绣柱金铺，骇人心目。至于高风永夜，宝铎合鸣，锵锵之声，闻及十余里。"从这段记载中，可见洛阳永宁寺塔的规模。

再晚些的是正光元年（520年）建的河南嵩山嵩岳寺塔，这是我国最古老的一座砖塔。塔平面十二角，于台基之上建造塔身。第一层塔身分为两段，没有任何装饰，叠涩出檐。第二层塔身各角施用倚柱，柱头做垂莲式。上段东西南北各面砌券门，其余各面做"宝箧印塔"式样；各券面砌出火焰形尖拱，再上砌出十五层塔檐，顶上安设砖刹，相轮七层。塔的内部做木楼层，为楼阁式。外观则与古印度犍陀罗式塔的刹顶基本相同。此塔的形制"具有古印度犍陀罗风格"。

山西五台山佛光寺院内的祖师塔，六角两层。第一层建在木柱式台基上，只一面开券门，上施火焰券，具有北魏风格。檐部用大斗，上承三层叠涩式莲瓣。六面坡顶。第二层施平座，座为木柱式台基式样，上用三层叠涩式莲瓣代替斗拱；塔身六角倚柱均做莲节柱，窗为直棂窗；门为板门，亦做火焰券。檐部也做莲瓣。塔顶做莲瓣座，再施受花与宝珠等。这座塔是北魏时代实物，特征如下：

（1）两层楼阁式，这在我国造塔史上很少见；

（2）火焰券门，此乃北魏时代的佛教特征；

（3）莲柱，魏唐以来建筑上常出现；

（4）以莲瓣代替斗拱，是从北魏时代开始的，其影响深远，后期在塔上运用莲瓣者甚多；

（5）塔身各部位都有明显的侧脚，这是很少见的。

北魏时代塔在式样方面，主要发展楼阁式，抑或做密檐式，内部也做楼阁式。建塔材料则是木材、砖材、石材三样并重。另外，敦煌石窟壁画中，也有北魏、东魏塔的形式。

第二节 隋唐五代古塔

隋、唐两代是中国封建社会的辉煌时期，国家的统一，经济、文化的繁荣，统治者的推动，为中国佛教的发展创造了条件，因此，隋唐两代是中国佛塔的发展期。当时，木塔建造逐渐减少，从这两代现存的砖塔来看，塔的平面几乎是正方形的。在塔的外形上，大致可分为楼阁式砖塔、密檐塔和亭阁式单层塔三个类型。现存古塔，唐代以前寥寥无几，从唐代开始，砖塔数

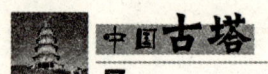

量陡增，表明中国唐代建筑技术达到一个新的水平，坚固程度大为提高。从外形看，它继承了四方八面的传统建筑风格，立体线条，直中有折，方正而有变化。各层外壁逐层收进，并隐起柱枋、斗拱，覆以腰檐，塔檐的四角方中见圆，刚中带柔，层次明朗，显得简洁、古朴、端庄、厚重。在结构方面，凡是内部可以登临的砖塔，往往将壁体砌成上下贯通的空筒，内部还用木板划层，不是整体都用砖结构。唐塔的平面几乎都是方形的，多角形和圆形的塔较为少见。因此，我们可以从塔的外形结构和建筑平面上，推测出塔的建造年代。

隋代古塔

隋代自建国到灭亡仅 37 年（581—618 年），时间很短，但由于隋朝大兴土木，故在短暂时间内却建造了大量的宫殿、寺塔等，在发展我国建筑形制方面有其一定的贡献。隋代佛教盛行，隋文帝杨坚为其母寿，大建舍利塔，分三次在全国各州建塔约 240 多座。据刘敦桢先生研究，所建大都为木塔，但是由于兵火，这些木塔均未留存下来。专家在野外考察中，仅仅看到隋舍利塔的石碑，而没有查到一处塔的实物。不过隋文帝的大量建塔有出土的、地上的石碑文字记载可资佐证。唐释道宣《广弘明集》卷 19 页中，有文帝"立舍利塔诏"。

隋代的塔遗留至今天的，仅有山东历城四门塔。以前梁思成先生考察时，认为四门塔是北魏时代文物。梁先生在《中国建筑史》（1954 年北京市规划局油印本）中讲："山东济南朗公神通寺单层石塔一座，俗呼'四门塔'，平面正方形，四面辟门，中立方墩，墩四面各坐一像。塔身单层，平素无华。上部叠涩出檐，上砌方锥形顶，顶上立刹。塔的形制与云冈浮雕所见单层塔极相似，其刹与浮雕塔刹完全相同。塔无建造年代，唯造像有东魏武定二年年号（544 年）。揆之形制，尚属此时。"

1972 年，济南文化局维修该塔时，在塔顶内拱板上发现刻有"大业七年造"落款，故而证明了此塔为隋代所建。隋大业七年，为公元 611 年，这是当前查到的我国最早的一座石塔，也是保存下来的隋石塔的唯一实物。

两个年代落款说明，此塔虽然是隋大业七年建造，但其上的造像乃东魏武定二年之旧物，隋代建塔时加以利用。

唐代古塔

在唐代，因为吸收外来文化比较广泛的缘故，所以佛教尤为兴盛，所建造的佛塔以及佛寺数量甚多，分布地域也比较广泛。仅从现存唐代古塔了解，它们大多集中地有五处：一是以河南嵩山为主的中原一带，今保存唐塔有十几座；二是关中一带，保存的唐塔也有十几座；三是山西一带，也保存有十几座；四是云南大理下关一带，保存有南诏时代的塔八九座；五是北京房山一带，现保存唐代塔十几座。除此之外，也有一部分唐塔散见于全国各地。

因为早期的塔模仿木结构，平面多做方形的，所以唐塔的平面主要是方形。砖塔的形体都较高大，一般分两种式样，一种是楼阁式，另一种是内部空筒外部密檐式。唐代古塔的外壁用砖，楼层和扶梯以木制，这种结构若年代稍微久远就易腐烂，或遭火灾后，内部就会形成一个空筒。因此，在说唐塔内部结构之时，常常叫它为空筒式塔。

空筒式又有大型空筒与小型空筒两种之分。大型空筒可以供游人攀登玩赏；小型空筒则只是代表一种象征性的结构。如云南大理崇圣寺塔、西安荐福寺小雁塔。崇圣寺有三塔，一大两小，通常称"大理三塔"。

唐代砖塔，它的特点是第一层做得比较高，其后二层以上塔身逐步缩减。每层塔的檐部自中间向上下各部位都有收分，塔的姿态十分优美，外观轮廓具有弯曲的旋律。一般不在塔身做雕刻，所用斗拱也较少。檐部则多用菱角牙子做叠涩砖层，檐上做反叠涩。只在第一层开塔门，其余各层很少开门窗。若是纯楼阁式塔，则每层都有门窗。

大理三塔

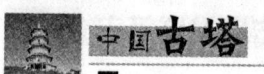

唐代塔刹，北方的多用砖、石刹，做得低矮粗壮；南方及关中的，则是金属刹，做得极其细致。云南昆明、大理附近的塔，塔刹高大，还用金属制的金鸡来装饰四角，外观高大而优美，是其他地方没有的。

唐塔主要有大型塔与小型墓塔两大类。大型佛塔中砖塔为多数，石塔为少数；小型墓塔中则以石塔为数最多，砖塔数量较少。唐塔平面虽然以方形为多，但也有六角形、八角形、圆形等数种。唐大型塔没有设置基座，直接出自地面。塔身光滑平整，不做任何雕饰。基本上不做斗拱，只有几层菱角牙子与叠涩砖层相间。塔门分券门与方形门洞两种。檐子叠涩砖层，檐上做反叠涩砖层。楼板和楼梯以木制，收分曲线，侧脚轮廓尤为美观，堪称一绝。

唐代小型墓塔、塔林中之塔，以及佛寺里纪念性之类的塔，为了方便在塔身上进行雕刻，所以全采用石材建造。如山西原平县城外的唐代石塔，均以石材建造，并在塔刹部位雕刻城墙、城楼、角楼、高阁，使其成为一组十分壮丽的城池雕刻。在北京房山也有唐代小石塔十几座，都做方形平面，塔身上都雕刻飞天、力士，形象十分生动、逼真，特别是印度式的火焰券券面，更为古朴真实。

南诏古塔

南诏是由乌蛮族为主、白蛮族为辅包括各小族系共同建立的奴隶制政权。唐初之时为蒙舍诏，贞观二十三年（649年）细奴逻建大蒙政权，以巍山（今云南彝族回族自治县境）为首府。开元间，其王皮逻阁在唐朝的支持下统一六诏，并迁都太和城（今云南大理南太和村西）。在其全盛时期管辖有云南全省、四川南部、贵州西部等地区。历代传有十三王，其中有十王受唐册封。唐昭宗天复二年（902年），为贵族郑买嗣所灭，历经250余年。

南诏时代尤其盛行佛教，因此建塔造寺风行一时。但是，经过一千多年的漫长岁月，所建寺院和庙宇也已大多毁坏，只有两部分保留至今。

其中第一部分为石钟山石窟，坐落在云南剑川县，山上共五个窟，为南诏时代所凿，如今仍十分完整。石窟中有石柱、斗拱、梁枋、券门、龛面，这集中表现了南诏的建筑手法。其中还有石刻，建筑形象较少。

另外一部分为砖塔。塔本身是佛寺中的一项建筑，又因年久失修，佛寺房屋建筑逐渐损毁，因此至今只保留了以下几座塔。

（1）大理崇圣寺塔。它是南诏时代保留最高大的一座塔，地处云南大理县城外，塔建在寺的中轴线上，前为山门，后为大佛殿。高墙耸立，万分壮观。其建制与唐代中原寺院完全相同。

（2）大理一塔寺塔。在云南大理县城偏西南的点苍山下，目前寺院房屋已不存在，只留下这一座塔。塔呈平面方形，总共13层，是一座密檐式塔。塔的第一层以正面开门，门上镶嵌石门楣，上部成半圆形，雕刻释迦牟尼涅槃图。塔的各层砌出菱角牙子，用菱角牙子出檐，上下外轮廓收刹刚劲有力，线条呈曲线，具有韵律美。塔高大凌空，四周没有建筑物，每当西南狂风吹来，风力极大，在第一层塔的外部，人几乎站立不稳，可高塔依然没有一点歪斜，经一千余年屹立不倒。

（3）大理佛图塔。在大理城南，也在点苍山下，四周无一寺院房屋所存，只剩砖塔一座。塔的式样与一塔寺塔相同，为同一时期所建。

（4）昆明东塔与西塔。这两座塔都坐落在昆明市内，目前两座寺院已有较大改观，唯独两塔保存完整。东塔面临街道，平面呈方形，塔的内部为空筒式，塔梯为木踏板式，此木板是在建塔施工时安装的，登塔时手扶踏板，逐层登上，这是塔梯构造的一种新形式。这种塔梯式样在全国佛塔中，也是独特的、唯一的。西塔与东塔式样相同，构造也相仿。西塔的塔刹部分全为金属刹，四角以金鸡装饰。这也是南诏时代塔刹的一种独特设计。

（5）其他的塔还有昆明妙湛寺双塔、昆明大德寺双塔。南诏时代的塔大多已经被毁掉，只是到了元明时代又重新加以修建的，只是其式样仍然保持了南诏时代的建筑风格，所以我们今天也能够看到南诏时期的建筑特色。

南诏时代多汲取中原文化，并请中原匠师参与建造佛寺和塔，所以其式样与唐代塔相同，若不详细加以研究和区分，极易把南诏时代的塔误认为是唐代塔。南诏时代的塔，平面呈方形，内多空筒结构，外观均为菱角牙子叠涩，各层塔身做小壁龛，做金属刹，尤其高大壮观，这也集中表现了南诏时代建造多层建筑的技术水平。

知识链接

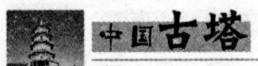

造像塔

造像塔种类很多。一座塔上有一个或多座佛像，有的塔在塔身上雕刻佛像，有的在塔的局部雕刻佛像，也有的两者兼而有之，这些塔都叫做"造像塔"。

北魏时期，佛教盛行，各地到处都在建寺造塔。雕刻佛像，建造像塔，就是从这个时候开始的。造像塔由基座、塔身、塔顶三部分构成，大多在塔身部位重点雕刻佛像。有的塔分数层，在各层都雕出大大小小的佛像；有的塔不分层，就只在每面雕刻出较大的佛像；也有的塔只在顶部建一个佛像头，作为塔顶。

我国建筑中的造像塔数量很多，其中大多数是在魏至唐代所建。江苏吴山有一座光头和尚塔，是明清时期建造的，也是造像塔的一种类型。

五代古塔

我国历史上，唐代以后，自公元907至960年的半个世纪里，为五代时期。这一时期时间短、战争频繁，不但在佛寺与佛塔的建造上没有新建树，且数量上也很少，其中有名的仅苏州虎丘山云岩寺塔、浙江临安功臣山塔、南京栖霞山栖霞寺舍利塔、山西平顺大云院塔等。

这一时期古塔的式样从方形过渡到六角形及八角形；外观也从简单过渡到复杂，增加不少雕饰；构造方面极力模仿木结构建筑式样。特别是砖石材料建筑的塔，更极力模仿木结构建筑，做得比较齐全。塔的内部结构式样，由唐代空筒式结构，逐步过渡到宋代的回廊式、壁内折上式，并将外壁、塔身、楼层三项结合在一起。这一时期，已经开始改变塔的内部结构式样了。楼阁式塔显著增多，同时在内部结构上又开创回廊式结构的先驱。雕刻方面，则将回廊式与木结构混合使用。

总的来说，这一时期塔的形式，从任何一个方面都反映出鲜明的过渡阶段，前承唐代，后启宋代。

第二节
宋元古塔

繁荣兴旺的宋辽古塔

宋辽时期的佛寺佛塔建筑比隋唐时期前进了一大步，特别是宋代建筑学经典《营造法式》的问世，更为宋辽时期的建筑繁荣铺垫了基石，作为高层建筑典范的佛塔开创了前所未有的兴旺局面，不管是建筑形式、制作技艺还是类型结构上，均是中国佛塔建造的黄金时代。尽管时间过去了上千年，宋辽时期的古塔仍然兀立不倒，风采不减。列入全国文物保护单位的宋辽古塔就有河北定县的料敌塔、山西应县佛宫寺的释迦木塔、河南开封的祐国寺塔、浙江杭州的六和塔、湖北当阳的玉泉寺铁塔、内蒙古呼和浩特的万部华严经塔……

北宋的开国皇帝宋太祖赵匡胤是极力提倡佛教的，说佛教"有裨政治"，主张崇佛尊道儒，并在都城汴梁建造一座极其华丽而高大的楼阁式佛塔，使塔的建筑在全国骤然兴盛起来，出现了古塔史上的发展新阶段。

与唐塔端庄、质朴的风格相比，宋塔则要华丽、灵秀得多，因此也更世俗化了。宋塔的建筑平面上出现了六角形、八角形和十边形，其中最普遍的是八角形。这种起源于南方的六角或八角形楼阁式塔，不仅建筑结构优美，显得圆浑、丰润、华丽，而且在设计上符合结构力学原理，显示了三大优越性。其一是增强了抗震能力，因为建筑物的锐角或直角部分经受地震时受力集中，容易震坏，而六角形或八角形的角度都呈钝角或近似于圆角，受力较均匀，不易震坏；其二是增强了抗压力，和平面为正方形的塔相比较，八角塔每个壁面对地基的压力比较均匀，塔基的受力情况良好，从而使塔的刚度和整体性都有所增强；其三是减轻了塔身承受的风压，六角形或八角形高塔的受风压力比四方形的要轻得多。古塔结构和设计中的科学技术成就，体现了宋代建筑的高超技艺。

六和塔

北宋初期，许多重楼叠阁的古塔开始建造出楼阁式外观，塔身各层出现了砖砌平台，塔内迴廊中布置楼梯，使人们登塔后，可以走到平台上去环眺四周景色，打破了以往从塔内依门凭窗眺望景色的局限性，使中国古建筑可游、可居、可行、可望的特色更为显著，这种楼阁式塔的塔顶也颇为讲究，采用了我国传统古亭的亭顶，看上去宛如一顶将军的盔帽，以一种气宇轩昂的气势，配以直刺苍穹的塔刹，重楼叠阁的塔身，高大浑厚的塔基，显得稳重端庄，威武挺拔，气势非凡。如浙江杭州的六和塔、上海的松江兴圣教寺方塔、福建泉州的东西双塔等。

据我国著名的古建筑专家刘敦桢著的《河南省北部古建筑调查记》中记载，宋辽时期是中国砖石塔发展的高峰，尤其是楼阁式砖石塔，和我国传统的古建筑——楼、阁、阙、观等组合后进行了新的创作，突出地表现了"聚集、高显"的原意，外观华丽精巧，样式丰富多姿。在建筑风格上也进行了新的探索，并逐步形成了两种不同的建筑式样：

一种是砖与木相结合的式样，塔身砖造，外围采用木结构，把砖木结构材料的长处互相配合，充分发挥。如苏州保恩寺北塔、杭州六和塔、镇江金山寺塔等。

另一种是全部用砖或石砌造，各层外檐、走廊、楼板、塔心室，全都用砖或石按照楼阁式构件拼接起来，使塔心和外围连成一个整体，提高了古塔的坚实性和整体性。如苏州的虎丘塔、内蒙古的庆州白塔、福建泉州的开元寺塔和河南开封的祐国寺塔（铁塔）。

在塔的高度上，也有了新的突破。宋辽时期的塔一般高度均在20米以上，相当于现在的7层高楼。北宋年间河北省定县建造的开元寺塔（又称料敌塔），共11层，高达84米，比上海24层的国际饭店还高，是我国现存最高的古塔。当时，能建造出如此之高的建筑，堪称为一大奇迹，这充分显示了中华民族祖先的艺术造诣和创造才华，开创了中国古代高层建筑的先例。

这种雄伟壮观的楼阁式砖塔起源于我国南方，进而影响到中原和北方，并一直延续到明清。无论城市乡村，或者名山大川，都留下了它们的足迹。这种楼阁式塔平台的建筑形式，流传至今，发展成为现代化楼房建筑中的阳台，至今被广泛应用。

宋辽时期的密檐塔仍盛行于北方，建造形式仍承袭于唐代，后逐渐为金代所沿用并有了新的创造，建筑形式的平面以八角形为多，但也有一部分是正方形的。值得注意的是唐代的密檐式塔的装饰比较简洁，到辽金时代才趋向繁华，这时期密檐塔的须弥座和塔身上的雕琢趋向精雅，在塔身额方下面，往往增加一些装饰性的如意头，从而使密檐式更为华美。然而，若我们将北方实心的密檐塔和南方空灵的楼阁塔进行比较的话，北方的密檐塔更平添了几分崇高和肃穆。代表作品有辽宁义县的广胜寺塔、内蒙古宁城大明塔、山西灵丘的觉峙塔、北京天宁寺塔、辽宁北镇县的崇兴寺双塔、辽宁辽阳市的白塔等。

随着时代的演进，继砖塔之后，更发展了用整块青石雕琢的石塔、金属浇铸的塔和琉璃塔。石塔有南京栖霞寺的舍利塔、杭州灵隐寺的石塔、福建泉州开元寺双塔、浙江天台赤城塔等；金属塔有广州光孝寺内的东铁塔和西铁塔、湖北省当阳县玉泉寺内的棱金铁塔、山东济宁的铁塔寺铁塔等，塔的

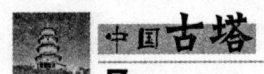

雕琢和造型均十分精美，体现了当时的金属冶炼技艺。北宋还留下一座开封（当时北宋的京都）祐国寺琉璃塔，由于它外形似铁，故又称"开封铁塔"，不仅整个塔身由琉璃面砖砌成，而且其各种琉璃件上均刻画了飞天、力士、麒麟、降龙、云纹、宝相花等各种形象，装饰在门窗、佛龛、角柱、斗拱、檐口、平座和顶刹上，建筑工艺十分精美，显示了宋代琉璃制品生产的水平。河南安阳的文峰塔，不仅塔形特殊，底小顶大，而且顶部均用琉璃瓦，是我国少有的古塔。

然而，无论建塔材料如何变化，中国古塔的主流始终沿着仿木结构楼阁式这条轨道发展。木结构塔在宋辽时期仍有兴建。现存最古最大的木塔是山西应县佛宫寺的释迦塔，又称应县木塔。

汉魏、隋唐时期的古塔，塔型的轮廓线多为优美的曲线，上下两端小，中间稍大一点，既具有巍峨挺拔之雄，又具有婉转柔和之秀，如北魏建造的河南登封嵩岳寺塔。而宋代及其以后所建的塔则变得刚直硬朗，挺拔如柱，如宋代建造的河南开封祐国寺塔和湖北当阳棱金铁塔。辽塔都是佛塔，体现佛教要求，充满佛教观念，故尽量在塔身上做出佛龛、佛像、金刚力士、托塔金刚、铜镜、伞盖、飞天等。雕刻技术精细，艺术水平较高，是光辉灿烂的一批杰作。

另外，值得一提的是云南西双版纳的曼飞龙傣族塔，据傣文版《勐龙地方史》记载，曼飞龙塔始建于傣历567年（1205年），相当于南宋开禧元年。该塔的造型恰似一丛破土而出的玉笋，其尖尖的塔顶绚丽多姿，和缅甸仰光的大金塔具有相似之处，这从一个侧面反映了西双版纳地区所信奉的小乘佛教与缅甸佛教具有一脉相承的渊源。

金代古塔

公元1115年至1234年的119年里，在我国北方的东北地区，有一个名为金的王朝，建都在称为上京的会宁府，地址在今天的黑龙江省阿城县，当时设六京，分管其势力范围内的各区域。

金代统治阶级也崇信佛教，故佛教在其统治区内得到较大发展，不逊于唐宋时代。金代佛寺分散于其统治范围内，多数寺院建有佛塔。但是，保留到今日的数量已不是很多了。对存留下来的塔加以分析研究，大致有四种类型。

第一种，仿唐代塔。以洛阳白马寺塔、河南陕州宝轮寺塔、山西陵川积善三圣瑞现塔、河南沁阳天宁寺塔等较具代表性。现仅以这几个塔作为例证分析。塔之造型为方形，内部空筒，外部密檐式。各檐层下部做菱角牙子砖一层或二层，层层做反正叠涩砖层，以叠涩砖层增加弧度。塔身没有雕刻，各层均有门窗，上下相对。塔身收刹刚柔、遒劲，轮廓与线条十分美观，极似唐代中原地区的嵩山法王寺塔和永泰寺塔的式样，可见是完全受到了唐代砖塔的影响，故称之为仿唐式塔。

洛阳白马寺齐云塔

第二种，仿辽式塔。金代造塔除一部分仿唐式外，还有一大部分是仿辽代塔的式样。金代统治者是女真族，地处东北边陲，没有自己的文化，占据中原之后，汲取中原文化。其佛教可以说是从辽代统治者手中接收的，故而佛塔以模仿辽塔式样为主。例如，辽阳白塔、辽宁开原石塔寺塔、北京昌平银山大延圣寺塔、吉林农安塔、山西浑源圆觉寺塔、河南修武百家岩寺塔、河北正定临济寺塔等。对这些塔如若不仔细考察，往往误认为是辽塔，因为这些塔完全是辽塔的特征。

金代塔每一座都有台基与基座；基座做得繁复异常，座身做壶门，束腰柱。用斗拱支持上枋与平座，或在上部增加莲花座，出现大型仰莲瓣。第一层塔身特别高，柱额与门窗均模仿木结构建筑。一般正门开券门，窗子开直棂窗。还常常在第一层做出很细致的斗拱，支承塔檐。上部各层檐一层比一

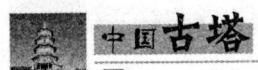

层密，基本上没有塔身。塔刹用金属材料制作，与辽代砖塔基本相仿。

第三种，金刚宝座塔。属于辽金时代的金刚宝座塔现存实物，最具代表性的要数河北正定大广惠寺塔。此塔没有翻修之前，其中心是一座大塔，四角四个小塔。尽管这座塔的塔身做得奇奇怪怪，且又装饰混乱，但毕竟是座金刚宝座塔。我国现存的金刚宝座塔，除此塔是金代建造的之外，其余基本上都是元、明、清三个时期建造的。

第四种，幢式塔。这种塔一般体型小，多系石材建造，属于石塔之一。例如，北京潭柘寺塔林中有几座石基塔，平面六角或八角形，一层至二层，塔身刻出象征性的门窗。上部题塔名及所葬大师之名。这种塔与经幢式样相仿，故名"幢式塔"。此种塔多用于墓塔。

总之，金代塔除上述仿唐与仿辽两大类外，其余塔不成体系，奇奇怪怪，没有统一的风格，也没有独特的体系。造成此种情况之原因，是由于金代经济与文化都落后，尽管崇信佛教，大量建造塔，但其崇信尚处于蒙昧信奉阶段，除仿照前代的佛寺和佛塔外，自己独立建造的佛塔只会奇形怪状。这是任何一个经济、文化都落后的统治集团，在其初级阶段不可避免的现象。只有在其经济和文化都发展起来之后，才能形成它自己的特色。由于金代没能发展起来就灭亡了。因此，像浑源圆觉寺塔、河南修武百家岩寺塔、河北正定临济寺塔等，若不仔细考察，往往误认为是辽塔，因为这些塔完全是辽塔的特征。

元代古塔

元代，从元世祖忽必烈至元八年（1271年）建国号为元，到顺帝妥懽帖睦尔至正二十八年（1368年），历时近100年。元代在佛教方面推行喇嘛教，建寺造塔甚多，所建寺与塔大部分是藏传寺塔。北京西城妙应寺白塔，就是一座大型喇嘛塔，创建于至元八年（1271年）。这座塔由尼泊尔工艺家阿尼哥参加设计。原在塔前有规模很大的寺院，赐名大圣寿万安寺。元世祖忽必烈建设大都城时，这座塔是重要的工程之一。塔高50.9米，是现存元代喇嘛塔中最高大的一座。北京护国寺内，原有小型喇嘛塔一对，为延祐年间建造。

湖北武昌长江畔有石塔一座，传为元威顺王子之墓塔，这也是元代初年之物。北京居庸关之过街塔，拱门之上原有三座塔，均为喇嘛塔。后来塔毁，只留下云台至今。拱门内均施用浮雕，其中有楚、汉、蒙、藏、维吾尔、西夏六种文字刻的陀罗尼经咒，亦称六字大明咒，为元代至正五年（1345年）所建，极其精美。

元代还开始建造金刚宝座塔。从考古资料得悉，金刚宝座塔的形象，在唐代敦煌壁画上已出现，只不过式样简略，只是雏形。到元代，我国大地上才开始建造金刚宝座塔的实物，如云南昆明官渡村妙湛寺，中轴线前端有座金刚宝座塔。此塔原是南诏时所建，明代曾重修。塔平面方形，13层，实心密檐。基座以石砌筑。第一层塔身特别高，第二层以上以叠涩出檐法做层层密檐。东南西北四面各辟一窗洞，上下在一条直线上。塔顶中心部位以相轮作刹，四角各有金鸡一只，这是唐代塔刹的风格。全塔外轮廓收刹很锐利，曲线美观。外表面抹一层沙子白灰。塔壁砌法是一层长身，一层丁头；用浆为沙子白灰，灰缝很窄。每层檐子用砖叠涩三层砌法，下边有一层菱角牙子。这座塔建在一台基上，虽无宏大气魄，却具有玲珑特色。此塔之东北角有小石碑，上刻"天顺"字样。天顺应是元幼主阿速吉八年号，这说明该塔为公元1328年所建造。塔的式样为一大方基台，上部有五座喇嘛塔。从式样、所用材料和风格来判断，此塔系元代建筑。元代时昆明一带佛教大发展，至今仍有许多元代寺院遗存着。金刚宝座，乃佛成正果时的坐处，在印度佛陀伽耶菩提树下，后来在那里建塔，称佛陀伽耶大塔。其意谓上达地面，下据金轮，乃大石的平板，在座上建塔即名曰金刚宝座塔。

妙因寺白塔

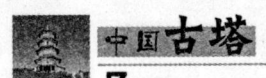

元代还发展了一种汉式佛塔，一般均仿照中原地区的塔为标准式样，建成楼阁或密檐式，其数量不是很多，也没有什么特殊而高大者。元代近100年虽然建造了一些砖塔和石塔，但没有规律性，如河南安阳天宁寺塔为元代所建，从底到顶塔檐一层比一层长，形成上大下小的造型，故人们将其称为"倒塔"。山西高平游仙山游仙寺砖塔，亦为元代建筑，是座一般的密檐式塔。北京昌平银山，有大延圣寺元代双塔，亦为一般密檐式。

元代还建造了一种塔，由于这种塔没规律、没系统，造型奇特，式样变化多端，我们将其称为"异型塔"。例如，北京云冈镇冈塔，一层，塔顶不做瓦，而是做出小型建筑。从上至下分排制作，密密麻麻，用来代替瓦顶，十分奇特。山西原平县席张乡为故寺遗址，塔茔之塔为单层石塔。塔刹部位做出建筑，形同一座城楼的建筑群，构思奇巧。山西晋阳妙行大师塔，做得如同经幢式，细而高，顶端一层做出城墙、城门洞，城外还有蒙古包形象，造型亦十分奇特。

元代佛教虽然发展，势力很大，但因统治阶级自己没有发达的文化，对中原地区文化又不十分了解，而且又汲取了中亚文化，加之统治年代不长久，战事多，社会不稳定，没能产生统一而发达的文化。故而在建筑上缺少规律性，出现一些离奇古怪的建筑，乃情理中事。

知识链接

叠涩

用石砖或石块叠压着一层接一层地向外延伸，形成一个倒阶的梯形，从而扩大塔的层面面积。倘若在叠砌时一层接一层地向内收缩，便形成阶梯形，这叫"反叠涩"。叠涩延伸可用三层叠涩出挑，有的用四层叠涩出挑，将塔檐砌筑得各具姿色，为塔檐增添了曲线美。

第四节
明清古塔

明清时期的古塔全盘继承了宋辽金元时期的古塔造型,在此基础上继往开来,建造了大批楼阁式塔和喇嘛塔,并开创了金刚宝座塔、云南傣族的佛塔群和文峰塔。

继往开来的明清古塔

明、清时代已很少建造密檐式的砖塔,而高层的楼阁式塔则大为建造,如宁夏银川的海宝塔、安徽安庆的振风塔、山西洪洞县的飞虹塔、陕西泾阳县的崇文塔等,均是我国著名的高层古塔。

我国封建社会时期,有两个被史学家所称誉的朝代,明朝即是其中之一。明代统治300年,鼎盛时期经济发达,可谓国富民强,做了不少有益于子孙后代的事,文化事业达到前所未有的新高潮。明代造塔之风甚为盛行,特别在我国中原和南方造塔更多,仅福建省福清县就留存了八座古塔。明万历三十五年(1607年)建造的瑞云塔,是著名的楼阁式石塔。在福建沿海地区,人们就地取材,建造了大批的花岗岩石塔,这些模仿木结构建筑的石塔虽然在一定程度上约束了石塔自身的特色,但给人一种精美、典雅的印象,成为这一时期福建石塔艺术建筑的一个高峰。明代建塔约计有千座之多,为数是最多的。明代统治者不但信佛,且迷信风水。所以,除在佛寺中建塔外,还修建了许多风水塔。

中国古塔
ZHONG GUO GU TA

赤峰宁城大明塔

明代制砖业得到大发展,达到历史上的高峰。故而明代修建的塔,大都为砖塔,且十分高大,只在南方建有一部分砖木混合塔与砖石混合塔。明代修建的塔80%是楼阁式的。楼阁式塔高大,要求具备较高的建筑水平,否则是建不起来的。明代修建的塔,虽以楼阁式最多,但其他式样也都有,现存实例也很多。

明代建塔的种类,在我国历史上是最齐全的一个朝代,除楼阁式外还建有内部楼阁式外部密檐式、阿育王式、喇嘛塔、密檐实心塔、金刚宝座式等种类。

明塔平面以方形、六角形、八角形为多,其中又以八角形为主。凡是大塔,平面都做八角形的。塔的高度以13层为多,并主张建高大的塔。因以楼阁式为主流,故每层都做塔室。塔的内部构造,大多数为壁内折上式。层层有塔檐,塔顶做金属刹。塔的装饰基本上模仿木结构建筑式样,装饰花纹特别多。塔的建造质量相当高,坚固耐久。

明代塔的构造,是继承宋代所改革的构造方式,将塔梯、楼层、外壁三者相结合,只有很少一部分做空筒式结构。

明代塔有仿宋式、仿辽式,还有个别模仿金代式样。这些塔的整体轮廓线条平直呆板,这是由于减少了曲线,造型过分生硬,收刹没有劲。明代塔虽然增添了花样,却使塔显得粗大臃肿了,尽管工程做得极细,但却失掉了古朴的风格。明代塔数量虽然很多,但是,总的来看效果和成就远远不如宋代。

清代的宗教建筑成就很高,其中少数民族的成就更大。由于清代疆域辽阔,各民族逐步走向和睦亲善。西藏的达赖五世入京朝觐顺治皇帝,班禅六世前来为乾隆皇帝祝寿,新疆吐鲁番郡王参与清军平定大、小和卓的叛乱,这此都使民族间团结气氛更加浓厚,文化的发展和交流更加迅捷。从清初到清中期,国势兴盛,人力和财力充足,使多个少数民族地区有条件建造了很多壮观的宗教建筑。风格独特的藏传佛教建筑在这一时期也非常兴盛。这些佛寺造型多样，打破了原来的寺庙建筑传统单一的程式化处理方式，创造了更加丰富多彩的建筑形式。随着寺庙建筑的繁荣，各种形式的塔也随之遍布全国各地。

明清墓塔

墓塔，乃佛教中和尚的坟墓。除大师圆寂建墓塔外，那些虽然不是大师却比较有地位的和尚，只要寺院经济状况允许，也都建造墓塔。墓塔既是佛教的一种纪念品，又是一种纪念性建筑。

我们常常在各地佛寺里看到建有墓塔，一座佛寺少则一座，多则数十座不等，而且大部分为明、清两代遗物。

我国佛寺墓塔的分布范围，一般建造在佛寺的前方，佛殿与山门的两侧面；也有的建在佛寺的后部，即后殿之后，平时没人去的安静、偏僻处所。大的佛寺则将墓塔建在佛寺的外围，成组排列，数目不等。墓塔多的佛寺，建在集中地点，构成一组大的塔林。

墓塔的种类可归纳为以下几种式样。

第一种，藏传佛塔式。其塔不论大小、高低，形制都采用喇嘛塔式样，亦有塔的其中一部分采用喇嘛塔式样的。出现这一情况的主要原因是，明、清两代喇嘛教盛行，成为佛教中一股主要势力，所以，各地建造的墓塔必然是仿喇嘛塔式样的居多。

第二种，为馒头塔，即"中国窣堵坡式"。此类墓塔塔下带有一个基座，塔身成圆球状，此乃窣堵坡的原型，其上部则不做塔刹。此类塔在墓塔中占一大部分，它的历史甚早，远在北魏到唐代就开始建造了，以后各时代都有它的形迹，从未间断过。

第三种，楼阁式小塔。凡墓塔采用楼阁式的，其造型都很小；只第一层塔身有塔室，其余各层均无塔室，只是一种象征性的构造。

第四种，密檐小塔。采用密檐式的墓塔为数不少，其外观与密檐式佛塔相同，只是一般体型小而已。

第五种，经塔式样。

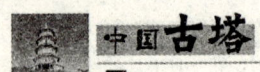

总的来看，墓塔的形制不超出这几种式样。但是，墓塔不像佛塔，有固定的格式和具体的要求需要遵循，而是匠师与佛门弟子创造性的产物。因而，墓塔的建造有较大的灵活性。故而出现墓塔的式样、比例千奇百怪，没有规律，没有章法，在墓塔建造中匠师创造出了许许多多的独具特色的形象。例如，山东长青灵岩寺墓塔，做出弧状塔身。在各地墓塔中也有比例失调的，或头重脚轻，或过于粗壮，但纤巧奇特者为多数。

墓塔大多体型小，高大者甚少。墓塔都是实心体的，空心的现在还未发现。有许多墓塔或详尽地模仿古代木结构建筑的式样与做法，或在一座塔上多少体现出木结构建筑的手法。墓塔的平面基本上采用圆形、六角形、八角形及方形，层数有1层、3层、5层、7层，但都是奇数，没有偶数的，这即是佛教思想，又有我国的传统意识。墓塔因是纪念性建筑，要求保存时间尽量长久，其所用材料以砖材与石材两种为主，也有一部分采用琉璃建造的。

墓塔的布局以一座至四座较为多见，再多些要成排列状；规模若再大，就要建造塔林了。例如，江西宜丰洞山，乃曹洞宗之发源地，洞山塔林就是成排列状的，每一组都成为一排。宜丰玉峰山的一些塔林，大部分也成排列状。

明、清两代的墓塔，大体相仿，没有严格界限，倘若没有塔铭，这两代的墓塔简直区别不出来。总起来分析，可以用四个字概括明、清墓塔之特征：小、巧、多、变。小指体型，巧指造型，多指数量，变指造型上的变化。

明清文峰塔

从公元14世纪开始，风水学说大发展，全国各县城及大型村镇都在建造一种塔，名曰风水塔，亦称文峰塔。这种塔不属佛教，而是根据阴阳家按风水学说确定位置建造的，是一种象征性的建筑。

当时建造文峰塔，其主要目的可归纳为三点。

（1）具有祈祷性和象征性。希望当地多出人才，多中科举，以其象征本乡本土人才辈出。

（2）纯属迷信性。以塔来添补当地在风水上的空缺，或者说用塔添补当地地理环境上的缺陷，达到完整无缺，谓之补地气。

（3）具有标志性。一座县城，一个乡镇，建造一标志。

文峰塔的建造方位并不统一，这是由于各地区的地理环境差别较大所致，倘若归纳也只能大体上加以划分，不能详述。其建造方位大体有三个：一是建在县城、村镇的里边，四面八方皆有建造，但以建于东南方位者居多。一是建在县城与村镇之外，也是四面八方皆有建造，亦以建于东南方位者为多，如河南许昌城、广东丰顺城都是建在城外的东南方位。另一种是方位不固定，远近也不固定。

文峰塔的建造位置比方位更混乱，有的建在城镇附近的高山上，距城镇甚近；有的建在平地上；有的则建在江河畔；也有的建在山前端；还有的竟建在城墙上。例如，山西绛州就将塔建在东南面的城墙上，以城墙作塔的基台，这倒节省了建塔占地和经费。

河北仿古建筑文峰塔

文峰塔虽然分布甚广，但主要以南方为主，北方次之，东北及西北地区数量甚少。建造文峰塔多的地区是江苏、河南、安徽、江西、福建、广东、广西、湖南、湖北、云南、贵州、四川、山东、山西，其中又以江苏、江西、云南、贵州为数最多。这些建造文峰塔多的地区，几乎所有乡镇都有，到处皆是。

文峰塔的式样可分为两种。一种是完全模仿佛塔，即按照佛塔的式样建造，与佛塔无二，塔上也刻有佛像，若不注意，初看很容易当作佛塔。出现这种情况的原因，主要是佛塔有很长的建造历史了，而文峰塔在14世纪才开始建造，况且佛学与风水学同属神权思想范畴，出现模仿势在必然。另一种，乃创造性塔。此种塔一点也不模仿佛塔。有的地方将文峰塔建成一支大笔形，曰文笔塔。山西偏关就建有一座这样的文峰塔，笔尖朝天。也有的地方建造象征性的塔，形状甚为奇妙。文峰塔名字甚多，计有文笔塔、文光塔、文星塔、文英塔、文明塔、文风塔、文奎塔、文园塔、五虹塔、文斗塔、文元塔、三元塔、尚元塔、文神塔、崇文塔等。

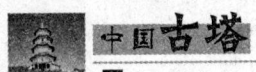

文峰塔的平面一般都建成方形、六角形、八角形、圆形等，与佛塔平面基本上相同。基层数由3层至13层不等，每层高度都有3米，最高的塔达86米。陕西泾阳县崇文塔是全国文峰塔中最高的一座。

文峰塔的内部构造，大体分为四种形制。第一种做空筒式，这是仿照唐代塔的构造方式，是较为简单的一种；第二种为"壁内折上式"，这种塔为数最多；第三种是穿壁绕平座式；第四种为实心塔，这种塔也是模仿佛塔，取佛塔式样。

文峰塔除模仿佛塔和模仿木结构建筑式样外，每座塔都带有地方特色，这是文峰塔的特征。建文峰塔所用材料以砖为主，选用石材建造的为数不多。每座文峰塔都在塔门处施以匾额。匾额采用石制，与塔身成一体。多数文峰塔均在门的两侧刻有对联。在香港地区也发现了一座文峰塔。

在山西平遥县城附近，有一些平面圆形、塔身圆形的文峰塔。例如：现在县城东部的两座文峰塔，式样相仿，北塔基座超出全塔的二分之一；南塔基座几乎占了全塔，塔身只有2.5米高。实际上塔身的式样是窣堵坡的变体，圆肚改为直肚；塔面做三层伏莲，塔尖已失掉。这个文峰塔做实心体，没有门窗，没有塔室，其式样别致，犹如我们常用的暖瓶形状。这种式样的塔是平遥县特有的。

知识链接

文昌阁与文峰塔

有的地方将文峰塔当作文昌阁来建造。文昌阁是用来供奉文昌帝君的，文昌帝君是我国神话传说里主宰功名、禄位的神。旧社会里读书人都要拜文昌帝君，供奉文昌帝君。故而，各地城镇中多建有文昌庙，或将文峰塔作文星塔，意在崇礼文昌帝君。元朝延祐三年（1316年），将梓潼帝君加封为"辅文开化文昌司禄仁帝君"，简称"文昌帝君"。

第二章

古塔的构造与类型

在我国大地上的许许多多古塔,在历史沧桑中,经受了千百年风、雨、雷、震等自然天灾及人为战乱的破坏性考验,依然巍然屹立。这些凝聚着历史、建筑和艺术美的古塔,反映了我国古代建筑的伟大成就,表现出各个历史阶段的时代风貌,为我们写下了一部十分生动的有形史诗,成为中国人民智慧、文明和进步的象征,成为中华民族的骄傲。

第一节
古塔的构造

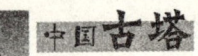

古塔,是中国五千年文明史的载体之一,古塔为祖国城市山林增光添彩,塔被佛教界人士尊为佛塔。矗立在大江南北的古塔,被誉为中国古代杰出的高层建筑。

古塔建筑概述

"塔"是根据梵文 Stupa 音译而成,原意为"坟冢",它的本来用意是为保存或埋葬佛教创始人释迦牟尼的舍利。根据佛经记载,释迦牟尼圆寂后百年,阿育国国王为了表示对释迦摩尼的尊敬,特意建起 84000 座塔,由此才逐渐盛行起佛寺建塔之风。塔在印度有两种形式:一种为坟冢性质的埋葬佛舍利的"窣堵坡";还有一种为塔庙性质的没有舍利的"支提"。中国现存的寺塔多为坟冢性质。

我国的佛塔兴起是由于佛教从印度传入而开始的。塔在传入我国后,融合了我国建筑艺术风格和文化传统,逐渐发展为独具中国风的中国式寺塔。

塔的构造分为四种:地宫、基座、塔身和塔刹,地宫保存有舍利函。塔刹由刹座、刹身和刹顶三部分组成。佛塔层数大多为奇数,偶数层的塔较为少见。

传说,最初的佛塔数量极少,只有在佛陀的出生地、成佛地、传法地、涅槃地等八个地方才建塔供奉舍利(佛典上称为"八大灵塔")。由于八个窣

甘珠尔庙舍利塔

堵坡远不能满足信徒们礼佛的需要,所以佛教徒在各地又建起了许多窣堵坡,后来演化成藏佛像、佛经的建筑,为佛教建筑中颇具特色的一种建筑类型,与佛寺、石窟同为佛教三大建筑。塔表现出三种不同的佛教类型意义,第一类是"真身舍利塔",为供奉舍利子的塔;第二类是"法身舍利塔",为供奉佛经的塔;第三类是"墓塔",是为修行高深、功德圆满的历代高僧建造的墓塔。

　　佛塔传入中国,与传统楼阁建筑文化融合,成就了我国数量庞大、造型复杂、民族特色强烈的中国塔式建筑。如秦皇汉武都修建过高楼台榭,以候仙人。崇佛敬神的结果是将塔与我国传统楼阁建筑相结合,出现了中国楼阁式塔建筑,窣堵坡的圆盘式相轮等被抬高到顶上,变成了"刹",成为中国最早的楼阁式塔。东汉洛阳白马寺塔、北魏洛阳永宁寺塔等,都是楼阁式塔。而下层民众因无力造楼阁,就将塔与中国的亭建筑相结合,便出现了亭阁式塔。这种塔就是塔下部建一个木构亭子,顶上加带相轮的刹。亭阁式塔一般

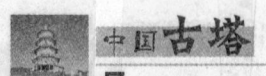

被许多高僧作为墓塔。宋以后，随着花塔和喇嘛塔的兴起，亭阁式塔逐渐走向衰落。楼式塔则经久不衰，并且繁衍出众多的支系。

古印度孔雀王朝（阿育王时代）佛教昌盛，佛塔建筑如雨后春笋般在德干高原和印度河恒河平原出现。佛经中记载"阿育王八万四千塔"，佛塔建筑进入鼎盛时期。阿育王时期，印度佛塔由塔、塔周和栏楣三部分组成，位于主塔四面的四座陀兰那（形体结构与中国的牌楼相似）叫"山奇大塔"。这种塔式传入中国后，虽大体上承袭了印度的旧有样式，但也融合了许多中国元素，如真觉寺金刚宝座塔与印度佛陀伽耶金刚宝座塔相比，底座明显加高，中间塔与四角塔的比例又大大减小，我国称这种塔为"覆钵式"塔。

印度佛教密宗兴起后，金刚宝座式塔传入我国，从敦煌428窟北朝壁画中，可以清楚地看到五塔建筑的形式。这种塔在我国建造较多，大多在明朝以后。它们是印度窣堵坡在中国古代高层楼阁的传统基础上创造出的新类型。

宋代还盛行铁塔。到元代，窣堵坡从尼泊尔又一次传入我国内地，带来另一种塔的建筑模式，即喇嘛塔（又称"藏式塔"）。塔身是一个半圆形覆钵，基本上保存了坟冢的形式，上面安置有长大的塔刹，因喇嘛教多为此塔式而得名，由于在元代大肆兴建，成为古塔中数量较多的一种。明、清时期，这种塔成了高僧、喇嘛死后墓塔的主要形式，人称"和尚坟"。与此同时，还出现了铜塔、琉璃塔、风景塔，为中国的佛塔建造艺术添上了丰富多彩的一笔。

古塔建筑形制

中国古塔的建筑形制颇多，佛塔建筑是其中的典型代表，多采用"下为重楼，上累金盘"的形式。

中国佛塔早期为木结构四方形楼阁式，至唐以后，砖结构塔替代木结构塔，形状由四方形发展为六角形、八角形、十二角形、圆形、菱形等。造型上也由楼阁式逐渐过渡到密檐式、覆缸式和金刚宝座式、过街式等多种类型。轮廓、线条或刚劲挺拔、铿锵有力，或轻盈秀丽、精巧飘逸，或八面玲珑、精细绝巧。

中国佛塔的层数一般习惯取奇数（因为奇数为阳），塔的构造分地宫、塔基、塔身、塔刹四大部分。中国佛塔是外来文化与民族文化相结合的典型建筑，塔在中国文化里还表达出镇妖魔、兴文风、祈福寿的意念和观敌情、览山水等作用。以后历代佛塔建筑虽然可能有不同的外形，但"下为重楼，上累金盘"的塔式建筑形制已成稳固的模式。汉地佛塔最主要的形式有楼阁式和密檐式两种。

古塔主要建筑构成

中国古塔主要建筑构成部分分为地宫、塔基、塔身、塔刹四大部分：

印度早期的窣堵坡形体简单，一般由台座、覆钵、宝匣和杆、伞等组成。台座位于最下方，通常是一个薄层方台；覆钵坐落在台座之上，作为塔身；覆钵之上是方箱形的宝匣，宝匣又叫宝箧；宝箧之上是竖杆和圆伞所组成的塔刹。

从公元前2世纪起，窣堵坡的台座逐步增高，塔刹装饰物也不断增加。到12世纪，犍陀罗贵霜王朝的窣堵坡，下部承以方台，方台之上是由原来的台座发展成的三四层的塔身，覆钵上的塔刹也更复杂，整个塔型往瘦而高大方向发展。

窣堵坡传入中国以后，受传统民族建筑的影响，在形式上发生了很大的变化。主要表现在两个方面：一是塔身借用了中国传统的亭阁或重楼形式，而印度原来的窣堵坡被整体模制到塔顶上去，成为塔刹。二是塔基的下方出现了存放舍利等佛物的地宫。这样，中国的古塔自下而上一般分别由地宫、塔基、塔身和塔刹四部分组成。

1. 地宫

地宫是塔体地下部分的一个特殊建筑空间，又叫"龙宫"或"龙窟"。这些别称的出现，是由于一些偶发现象所致。从前，有些塔的地宫因防水性能不好或年久失修，使地下水渐渐渗出并溢满地宫。人们不能正确理解这种自然现象，讹称为"海眼"，从而附会出某塔是用来镇压海眼的说法。久而久之，地宫也就被描述成"龙宫"或"龙窟"了。

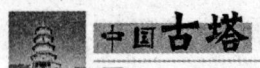

地宫是专门用来存放舍利或佛像、经卷等法物的密室，一般用砖砌成，其形状则往往随塔的造型而定。地宫中主要存放一个石函，石函内是层层的石匣或用石头、金银、玉翠等制作的小型棺椁，佛舍利便珍存在最内层的石匣或棺材中。

古塔的地宫是一个特殊的建筑部分。中国古代的地上建筑，其地下基础部分大都是夯打坚实的地基，宫殿、楼阁和坛庙等无不如此。而在印度，舍利不是存放在地下，而是藏于塔身或塔刹中。古塔地宫的出现，模仿了中国古代帝王陵寝传统的地宫埋葬形式，只是在规模上远没有它们浩大而已。

古塔

2. 塔基

塔基覆盖在地宫之上，是整座塔的下部基础，一般用砖、石叠砌而成，其形状也多随塔的造型而定。

早期的塔基一般都比较低矮，也很简单，常常仅有一二十厘米高，极不明显。有的甚至由于年久残缺，从地上根本看不见了。到唐代，为了使塔体更加高耸突出，有的塔在塔身下又增建了高大的基台。此后，塔的基础部分急剧发展，渐变成基台和基座两部分。前者就是早期塔下较矮的塔基，后者则是专门用来承托塔身的基座。

基台由于比较低矮，又近地表，因而仍然较为简单。基座部分则往往大加雕琢，精雕细刻，修饰繁杂，是整个塔体中雕饰最为华丽的部分。

辽金以后，塔的基座越来越往高大华丽的方向发展，而且大都做成"须弥座"式。须弥即佛教中所称的须弥山。佛教界认为：宇宙的中心为一座极大、极高的山，称须弥山或妙高山，周围为大海环抱，是佛与菩萨、诸神人居住的地方。以须弥山命名，有最为稳固之意，因而用以承托塔身。须弥座又通常与仰莲瓣相结合。莲花象征着纯洁，表现出佛界对世俗的一尘不染。

基座的出现对塔的整体造型作用重大。从建筑结构来说，它承托起上部塔体，使塔体保证了坚固和稳定；从建筑艺术来说，基座的存在增加了塔的整体美感，使古塔更加庄重、大方和富有变化。

3. 塔身

塔身坐落在基座之上，是塔的主体结构部分。印度早期窣堵坡都是实心的土石墩，传入中国之后，塔身发生了很大的变化，其总的特点是往高处发展。中国古塔在塔身部分又表现出千变万化，无论在高度、平面形状、内部结构、外部形态乃至装潢修饰上都千差万别。正因为如此，我们很难在此一一述及。

4. 塔刹

塔刹是指安设在塔身之上的顶子。有圆形的，有尖形的；有用砖石砌筑的，有用金属制成的，形式多种多样。

"刹"这个字是梵语的省音译，又译为"乞叉"或"乞洒"等。它的本意指的是田土，用在塔中代表国土或佛国，安在塔顶表示崇高和尊敬。

印度早期的窣堵坡也设塔刹，但都很简单，通常只有一根不长的刹杆和一层或三重金属圈。传入中国以后，窣堵坡的整个形象被搬上塔顶，作为塔刹。中国古塔的塔刹结构复杂，通常又分为刹座、刹身和刹顶三部分。

刹座紧挨塔身，是塔刹的基础。其形状有砖砌的平台，更多的则是须弥座，须弥座上多砌仰莲或忍冬花叶形来承托刹身。

刹身是塔刹的主要部分。其下部是一形如两个平底钵对口所组成的圆鼓形建筑，中间是套贯在刹杆上的圆环，圆环之上置华盖。华盖又称宝盖，是刹身的冠饰。刹身的圆环佛教术语称作"相轮"。"相"的意思是"人仰视之"，相轮的作用则是作为塔的一种仰望标志，借以达到敬佛礼佛之目的。相轮数目的多少往往标志着塔的等级的高低，等级越高，相轮数目就越多。早期佛塔的相轮尚没有定制，后来逐渐形成了一、三、五、七、九、十一、十三个的规律。

刹顶在宝盖之上，通常由仰月、宝珠或火焰组成，是全塔的顶尖。

塔刹作为塔的最为崇高的部分，其作用至为重要：从建筑结构来说，它收结了顶盖；从建筑艺术来说，它以高插云天、玲珑挺拔的气势冠盖顶峰，有力地突出了宝塔的雄伟气魄和宗教神圣性。

古塔的建筑材料

所谓古塔的质地，指的是古塔是用什么材料建成的。

中国地大物博，历史悠久，建筑文化源远流长。历代能工巧匠们巧夺天工，几乎用尽了所有可以用于建筑的材料。古塔的建造也是如此。同时，由于塔是用来保存佛舍利的，出于对佛的尊崇和忠诚，信徒们不惜花费巨资，制造出种种极为珍贵的舍利塔。如金塔、银塔、珍珠塔、象牙塔、珐琅塔等。当然，由于造价的昂贵或材料的稀缺，这些真正的"宝塔"一般都体量很小，数量也不多，通常置于室内或塔内，供祭拜或观赏。

就室外矗立的高塔来说，用于造塔的材料也可谓包罗万象。如土、石、木、砖、铜、铁、陶、琉璃等。这些不同的建筑材料，有些可以单独成塔，有些是几种材料相结合。因而，古塔的质地可以说是形形色色的。在此，我们将常见的一些质地类型作概括归类介绍。

1. 石塔

石头作为建筑材料在中国是一种普遍现象。用石头造塔，主要可分为两种情况。一是整个塔体完全由石头雕刻或砌筑而成。这样的石塔形体一般不大，通常为单层塔，但也有巍峨高耸的石塔，如泉州开元寺双石塔，高度都在40米以上，其中一塔高48米，相当于15层楼的高度。二是配合其他材料，石头多用来建造塔基和塔座。这种塔不仅本身讲究造型，而且非常注重雕饰。中国古塔的石雕艺术特别发达。

2. 木塔

中国古代建筑历来以木结构为主，早期的古塔也多为木结构建筑。它采用传统的梁、柱体系，结合以桁（梁上横木）条、斗拱负重承托，门窗棂格形式多变以及内修藻井、外装飞檐等技术，使古塔显得线条流畅柔和、飞舞活跃。尤其是塔柱、塔梁及门楣等处，多施以雕刻与彩绘，更使木塔五彩斑斓、气宇轩昂、令人瞩目。

木塔具有很多优点，但也存在不少缺陷，如易遭虫蛀、火焚，长期保存困难等。因此，后来便与坚硬耐久的砖石材料相结合，出现了砖、木，或砖、石、木混合结构的古塔。这样的塔以砖、石等砌壁，以木材做楼板、飞檐及游廊、栏杆等，集木、石、砖各种建材优点于一身，可谓古塔建筑史上的一大创造。

3. 砖石塔

砖、石开始作为建造古塔材料的时间比较早，只是早期的砖石塔不如木塔那样流行。由于砖石的经久耐用以及良好的防火等性能，使砖石塔最终取代了木结构式塔，而成为中国古塔建筑中的主流。我们现在所能见到的古塔，绝大多数为砖石塔。

砖、石尽管不像木材那样使用方便，在塔檐挑翅幅度和造型上都受到限制，但造塔匠们在砌筑技术上进行了大胆的创新和发挥。其中最具说明性的是"叠涩"方法的运用。所谓叠涩，就是以砖累砖，上层砖边探出下层，运用这一手段，可以将塔檐等部分砌筑得各具特色。加之在塔身之上饰以各种美观多变的浮雕纹样，使砖石塔并不显得单调呆板。

砖石塔在中国得到了充分发展，并在建筑技艺上达到了炉火纯青的地步。在外形上，它继承了传统建筑四方八面的风格，立体线条，直中有折，方正而富变化；各层外壁逐层收紧，并隐起柱枋、斗拱，覆以腰檐，塔檐的四角方中见圆，刚中带柔，层次明朗；整个塔体显得简洁、古朴、端庄、厚重。

当然，砖石建筑也存在不足，主要表现在出檐较短，平座栏杆形同虚设，不便或不能走出塔外；受力学承重原理的影响，在高度上也受到一定限制。因此，它曾一度与富有弹性、便于加工的木材相结合，创造出砖、石、木混合型塔。

4. 金属塔

金属塔是指由金、银、铜、铁等金属整体或分层铸造的塔，塔身雕有佛像和各式图案。金属塔虽然多种多样，但体量较大的露天金属塔，主要有铜、铁两种质地。这些金属塔一般是由塔模浇铸而成的，因而上下为一个整体。受金属价值的影响，铜、铁塔的高度一般都比较有限。有些铜、铁塔底部加筑了高高的基台，使塔看起来比较高大。如山东省的济宁铁塔高23米，真正的铁铸部分其实只有10多米。

金属塔虽然在高度上受到限制，但在造型上却有得天独厚的优点。由于金属具有较强的可塑性，人们在建塔模时可以随心所欲，将塔体设计成任何砖、石、木材都表达不出的形体来。只要雕出模子，就能铸出塔体，因而金属塔一般外表华丽，纹饰复杂，非常精致生动。

5. 琉璃塔

琉璃是我国具有独特民族风格的传统高级建筑装饰材料。一般常见的有黄、绿、蓝、白、赭等色。它是在陶体制品表层加涂富有光泽的釉质经煅烧而成的，制品不仅色调鲜明，光彩夺目，能起很好的修饰作用，而且能防止风化和粉蚀，色彩瑰丽，金碧辉煌。

琉璃的使用在中国有着悠久的历史，但普遍使用却是在唐宋以后，到明清时达到高峰。从帝王宫殿到坛庙寺观等，都普遍使用了琉璃瓦件作装饰。早期琉璃产量少，用来装饰塔的很少见。琉璃宝塔的大量出现是在明清时期。这时的琉璃生产数量大，而且除了琉璃瓦外，还产生了琉璃面砖。色泽鲜艳的琉璃饰件装扮在塔身之上，使宝塔显得更加流光溢彩、斑驳陆离。

当然，琉璃仅仅是一种塔表装饰材料，塔体的内部往往仍是用砖石等建造。

以上所介绍的只是一些常见的建塔材料，除此以外，在我国现存古塔实例中还有纯粹的陶塔以及用土坯和草泥所建造的土塔等，因为很少见，在此不多赘述。

香山公园琉璃塔图片

知识链接

中国古塔之最（一）

最早的伊斯兰教塔

广东省广州市怀圣寺的光塔，是一座圆柱形的砖塔。该塔建于唐朝，相传是早期来华的伊斯兰教传教士所建，至今已有1000多年，是目前我国最古老的伊斯兰教塔。

最早的并立双塔

辽宁省北镇县的崇兴寺双塔，是我国最早的双塔并立布局。两塔均为八角形13层密檐式砖塔，相距43米，建于辽代。这种双塔并立的布局起源于南北朝，以后历朝皆有。

最早的石塔

我国最早的石塔是山东省历城县的神通寺四门塔。该塔为隋大业七年（611年）建造的单层塔，距今已有1300多年历史。

最早的金属塔

我国目前最早的金属塔是广东省广州市光孝寺内的西铁塔。该塔建于五代南汉大宝六年（963年）。现因年久失修，金色剥落，塔身生满铁锈。

最早、最高的琉璃塔

我国最早的琉璃塔是河南省开封市佑国寺琉璃塔。该塔建于北宋皇祐元年（1049年），八角形，13层，高达54.66米，也是我国最高的琉璃塔。该塔外壁的褐色琉璃砖面近似铁色，因此又称"铁塔"。

最早的陶塔

我国最早的陶塔是福建省福州市鼓山涌泉寺塔。该塔建于北宋元丰五年（1082年）。塔高6.83米，塔身装饰有1078尊佛像，因此又称"千佛陶塔"。

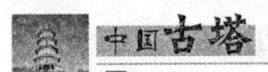

最早的过街塔

我国最早的过街塔是北京市居庸关的云台。该塔建于元代至正二年（1342年），因其基座全用汉白玉雕琢而成，因此被称为"云台"。基座正中开辟有一个五边形的拱券门洞，可供人出入。

第二节 古塔的类型

我国的古塔造型多样，千姿百态，其数量巨大，种类繁多，艺术与历史价值极高。

古塔的分类

古塔的分类是个非常复杂的问题。这不仅是因为中国古塔千姿百态，丰富多样，几乎少有两塔完全相同的例子；更重要的是，由于所使用标准不同，古塔可以有各种各样的分类法。不同的分类方法，必然存在着相互重叠的现象。也就是说，一座古塔，从不同的角度，可以划归不同的类型。

1. 从层数上分

这是最简单的分类，一般将古塔分成单层塔和多层塔两类。顾名思义，单层塔塔身只有一层。亭阁式塔和喇嘛塔都属单层塔，一般被用来作为僧人的墓塔。多层塔又可分为三、五、七、九等不同的层数。古塔层数通常为单数，这是由于传统意识中单数为阳数，含有吉祥的意思。

2. 从平面形状来分

所谓平面，指塔的横截面。印度早期佛塔都是圆冢形的，中国古塔初兴时，由于受传统方形木结构建筑的影响，塔体平面也往往建成方形。但方形建筑稳固性差，因而后来渐渐向六角形、八角形、十二角形发展，当然也有圆形的。总的看来，早期古塔以方形为主，隋唐以后多为八角形。这充分体现了中国古代"四平八稳"的建筑传统。

3. 从内部结构来分

古塔的内部结构可以分为实心和空心两种类型。实心塔塔体内部用土坯填满或用砖石砌平，一般不能登临。密檐式塔多采用这种结构方式。空心塔塔体内部留有建筑空间，有的全部为空筒，有的用木板等隔出楼层，一般都筑有阶梯可通上下，塔的内壁也往往进行精心装饰，使塔内、塔外都具有较高的艺术观赏性。

4. 从用途上分

古塔原来只有一种用途，即宗教功能，但在中国的发展过程中，不断被古人加以奇妙地利用，于是除了宗教性外，又产生出其他许多神奇的功能，从而出现不同类型的塔。据此，可将古塔分为如下几类：

舍利塔。指专门用来供奉舍利的佛塔，是保持古塔最原始功能的一种塔。又可分为真身舍利塔和法身舍利塔两种。真身舍利塔因藏有佛祖遗物，即真身舍利而得名，法身舍利塔则因只藏有经卷等法物而无佛祖真身而命名。

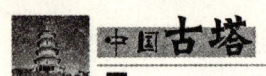

僧墓塔。指为有道高僧或一般僧尼死后存放骨灰所建的塔。一般僧尼的塔多为小型亭阁式塔；高僧塔有的建造得非常壮观，如西安兴教寺玄奘墓塔等。

导航塔。指修建于江河岸边或海港码头，用以指引航船安全通过或顺利靠岸所建的塔。为方便夜间导航，通常都装有灯笼，故又有灯塔之称。如杭州的六和塔等。

风景塔。指建于风景名胜之地，用以增加景致的塔。有的是为了弥补形胜之不足，有的是为了突出中心或统揽全景。

风水塔。指古人出于追求生活平安和美好的善良愿望，为趋吉避凶所修建的塔，如镇邪塔、文峰塔、文运塔、文星塔等。

知识链接

中国古塔之最（二）

最早的古塔

我国最早的古塔嵩岳寺塔，位于河南省登封市。该塔修建于北魏孝明帝正光年间（520—525年），至今已有1400多年的历史。该塔总共有15层密檐，全用灰砖、黄泥砌筑，塔的外部表面还抹有石灰。该塔的外观轮廓呈抛物线型，看起来秀丽挺拔。

最高的砖塔

我国最高的砖塔是料敌塔，又叫开元寺塔，位于河北省定县。该塔修建于北宋时期，原是当时军事上的一座瞭望台，用于观察宋辽的军情动向。该塔共有11层，高84.2米，属楼阁式塔。

最早的木结构塔

我国最早的木结构塔是释迦塔，位于山西省应县佛宫寺，修建于辽清宁二年（1056年）。该塔塔身五层六檐，还挂着一块明代人书写的横匾"鬼斧神工"。该塔外观轮廓呈八角形，全部采用木结构建造。

最早的喇嘛塔

我国最早的喇嘛塔是白塔，位于北京市妙应寺。该塔修建于元朝至元八年（1271年），塔身高约59米。该塔是根据尼泊尔白塔的外形结构而建造的，是外来风格和我国民族宗教特点相结合的产物。

最早的金刚宝座塔

我国最早的金刚宝座塔，位于北京市大正觉寺内。该塔修建于明成化二年（1473年），是把五个小塔建在一个高大的宝座里。整座塔整体轮廓看起来既庄严稳重，又显得玲珑活泼。

古塔的类型

佛塔的类型根据建塔的外形可以分为：楼阁式塔、密檐式塔、亭阁式塔、覆钵式塔、金刚宝座塔、过街塔、花塔、傣族塔、九顶塔、陶塔、琉璃塔、金、银、铜、铁塔以及穆斯林清真塔等。

佛塔的类型根据塔的功用可以分为：舍利塔、藏经塔、风水塔和墓塔等。

1. 楼阁式塔

楼阁式塔是中国古塔中数量最多、分布最广的塔，并带有明显的地域特征。典型造型是：下为重楼，上累金盘，造型呈方形，四面立柱，每面三间四柱，有梁枋、斗拱承托上部楼层。楼阁式塔早期为木结构，隋唐后多为砖石仿木质结构，其特点同我国传统楼阁建筑构造相似。以后外形特征出现变化：方塔渐少，六面塔、八面塔则较常见。塔每层上有仿木结构的重楼，楼有仿木的门窗、柱子、梁枋、斗拱，塔檐大多为木结构或砖砌仿木质结构，形象上更突出檐角高翘的韵味，产生轻盈飞动的美学意境。高大者楼内有楼板、楼梯，可登临。

楼阁式塔的地区分布特点是：南方以苏、浙、沪、粤为楼阁式塔的主要地区，代表作有上海方塔与杭州六和塔；北方以冀、晋、陕、甘、辽等地为主，代表作有山西应县木塔、河北开元寺料敌塔、河南开封佑国寺塔等。

2. 密檐式塔

密檐式塔是楼阁式塔由木结构向砖结构转化过程中发展起来的一支古塔系列，其形象高大，层级较多，以外檐层数多且间隔小为显著特征，故名"密檐式塔"。密檐式塔的主要特征：下部第一层塔身高大，以上各层则塔檐层层重叠，距离很近，无门无窗无柱，不成楼层（早期密檐式塔有小假窗）。因没有门窗结构，故多实心，一般不可登临，或可登临但也不宜眺望。基座与第一层塔身特别突出，雕饰复杂。

安徽宏村古塔

密檐式塔流行于隋、唐、辽、金，并具有明显的地域性特点；方形平面造型塔，多分布在黄河中游地区，以河南、陕西居多；八角平面的辽、金塔，多分布于东北、京津、晋冀地区。辽、金时期，密檐式塔第一层有佛龛、门窗、斗拱等雕饰，元后，密檐式塔渐渐衰落。

3. 亭阁式塔

亭阁式塔是传统亭阁与印度窣堵坡相结合的塔式建筑，主要流行于唐宋以前，唐后则较少见，多为历代高僧的墓塔。典型特征是：唐前塔身多为方形，唐宋为方形、六边形、八边形或圆形。塔檐多为单层，罕见双层（仅见山东清灵岩寺慧崇禅师塔为双重亭阁塔）；底下有台基，顶部建塔刹，一般不做豪华的雕饰。山东历城神通寺四门塔、河南登封净藏禅塔和山西五台山佛光寺方便和尚塔，都属这种塔式。

4. 覆钵式塔

覆钵式塔，又称"喇嘛塔"，为藏传佛教（即喇嘛教，是佛教密宗与藏族本教相结合的藏传佛教）所常用。典型特征为：建筑造型接近于印度窣堵坡，材料多为石材，少有砖料；塔基多为一层到五层不等的方形、圆形、八角形须弥座，基座有内室；塔身为一几何形覆钵窣堵坡，塔刹在喇嘛塔造型中具有显赫的地位，由相轮、圆盘（华盖）、刹顶组成，塔盘垂流苏，塔刹多用宝珠或小铜塔；塔外壁通常涂成白色，是高僧墓塔的主要形式。

喇嘛寺塔建筑主要流行于西藏、青海、内蒙古地区，现存的喇嘛塔多为明、清时期的建筑。中国现存最早、最大的喇嘛塔，当属建于元代的北京妙应寺白塔。

5. 金刚宝座塔

金刚宝座塔是佛教密宗一派的佛塔，既具浓厚的印度风格，又有强烈的中国传统文化韵味。因汉地大多不信奉密宗，故金刚宝座塔在汉地发展较为缓慢。金刚宝座塔的典型特征：塔下部为一方形巨大高台（印度金刚宝座塔体量低小），台上建有五个正方形密檐小塔（代表金刚界五方五佛，即中央大日如来、东方阿閦佛、南方宝生佛、西方阿弥陀佛、北方不空成就佛）；塔座上雕刻五种动物：即金刚五佛的坐骑狮子、大象、马、孔雀、金翅鸟王。其代表作品以北京真觉寺金刚宝座塔、北京碧云寺金刚宝座塔最为著名。

6. 过街塔

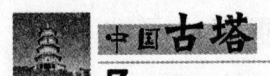

过街塔即路上、街上的塔，或称"门塔"，又称"塔门"。过街塔的形式与金刚宝座塔相类似，通常建于交通要道，以供往来行人顶礼膜拜。其主要特征为：一个或三个门洞的高台，高台之上立着一座至数座佛塔，一般为覆钵式，是与中国古代的城门、关隘相结合的塔建筑形式。门洞上的塔就是佛祖的象征，一切有情物从塔下经过就是向佛礼拜。过街塔，其实是佛教走向民间的必然产物，因此也就减少了佛法的尊严，而更显人情味和世俗化，是中国佛教尤其是净土宗发展的自然结果，是普照万物的佛性体现。中国最大的过街塔，是河北承德普陀宗乘庙的五塔门。

7. 花塔

花塔流行于辽、金时代，是在具有中国特色的亭阁、楼阁、密檐式塔的基础上借鉴印度、东南亚佛塔雕刻艺术发展起来的一种古塔形式。其特征是：将亭阁塔的塔刹雕砌为莲瓣式或楼阁式，密檐式塔塔身上半部密布佛龛、佛像、菩萨、天王力士等繁杂的雕饰形象，塔上部宛如一捧大的花束，甚为华丽美观，如河北正定广惠寺花塔。花塔建筑主要流行于我国北方地区，现存的花塔多为宋、辽、金时期的建筑，元后，花塔几乎没有再建。

8. 傣族塔

傣族塔是属于南传佛教的一种佛塔，受缅甸寺塔建筑风格的影响，具有典型的热带建筑特点。其特征为：平面呈八角形，每角建有一座人字脊、山面向外的下坡路塔屋；塔基立着九座佛塔（中央一大，周围八小），佛塔塔形呈葫芦形，外表皆白；塔刹呈尖形，上有三到五重圆伞，俗称"笋塔"；各塔雕刻莲花或莲蕾，有浓郁的傣族地方风格。云南西双版纳的曼飞龙塔，就是这种塔的典型建筑。

9. 九顶塔

九顶塔平面呈八角形，塔身特别高大，塔顶上立有九座密檐小塔，造型奇特，塔上有塔。山东历城九塔寺九顶塔，为中国九顶塔的仅存珍品。

知识链接

河南登封少林寺塔林

少林寺位于河南省登封市城西北约13千米处。因为寺院在少室山阴的茂密丛林中，所以叫少林寺。该寺建于北魏太和十九年（495年），为天竺（古印度）佛教徒来中国传教而建。后来南天竺的高僧菩提达摩也到这里传教，使少林寺得到扩展。少林寺是我国武术史上少林派的发源地。据史料记载，擅长少林拳的寺僧曾参加唐王李世民的队伍，为建立大唐立过汗马功劳，故此时少林寺的发展达到顶峰阶段，寺院内建筑最多时竟达到5000余间。

在少林寺往西不远的山坡上，是一片高高低低、大大小小的塔林。四角形的、六角形的、圆柱形的、圆锥形的、瓶形的、抛物线形的……多种多样，造型不一。高的有十四五米，低的只有1米左右，层数在1~7层之间，现存自唐贞元七年（791年）至清嘉庆八年（1803年）之间的唐、宋、金、元、明、清各代的砖石墓塔220多座，埋葬着历代少林寺知名和尚的尸骨。由于当家住持和尚的佛家修养和地位不同，因此墓塔的大小也不同，塔上的文字记载着他们的"功德"。塔林中有唐塔2座，宋塔3座，金塔6座，元塔40座，其余为明、清塔，许多塔上有精美的石雕艺术装饰，是综合研究古代砖石建筑和雕刻艺术的宝贵资料。尤其是塔林东边的菊庵长老灵塔，建于元代至元五年（1339年），后壁镶嵌的塔铭为少林首座日本和尚邵元

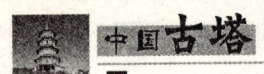

撰写的丹书,文辞和书法都有相当的造诣。1973年4月,郭沫若来游,曾题诗以赞:"邵元撰写照公塔,仿佛唐僧留印年。花落花开沤起灭,何缘哀痛着陈言?"塔西边有座明代嘉靖四十三年(1564年)修造的印度高僧"就公天竺和尚之塔",这些事例充分说明中日、中印文化交往的历史是漫长的。

少林寺塔林是我国最大的一处塔林,它对研究我国佛教源流宗派,探讨古塔建筑艺术都有很高的参考价值。

第三章

华北地区古塔

　　古都京华,其山光水色相映成辉,风景秀丽,一片旖旎之景,名寺宝塔更是美不胜收。燕赵大地的河北,沃马平川,古塔林立。并州山西,曾获得"古代文明宝库"的称号,也是目前中国最大的"宝塔之乡",其境内古塔不少于150座。

第一节 北京古塔

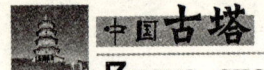

古都京华，其山光水色相映成辉，风景秀丽，一片旖旎之景，名寺宝塔更是美不胜收。这里有妙应寺大白塔，它是中国现存最早的喇嘛塔；有西山八大处灵光寺佛牙舍利塔，它是中国最年轻的密檐式塔；有香山琉璃塔，它是中国金刚宝座式塔的珍品……

碧云寺金刚宝座塔

北京碧云寺金刚宝座塔建于清乾隆十三年（1748年），是现存金刚宝座塔中最高大的一座，坐落在碧云寺中轴线上的最高处。宝座建立在两层极为高大的、以片石砌筑的台基上，为二层汉白玉须弥座，沿台基两侧石阶可到达宝座，宝座是用汉白玉石建造的。其南面正中辟有拱形券门，门两侧有石梯可达座顶，座顶空间由两部分组成。后面是五座金刚塔，各塔的平面均呈正方形，位于中央的一座为13层密檐塔，四周四座为11层密檐塔，各塔刹的造型均呈小型的喇嘛塔形式。宝座的前面中央即登台入口处，又建一小型的金刚宝座塔，在小金刚宝座塔两侧，分立着两座用汉白玉砌筑的喇嘛塔。整座塔从基础、宝座到金刚塔，周身布满大大小小的雕刻精致的佛像、龙凤狮象、力士等浮雕。宝座上两座小喇嘛塔的塔身上也布满佛教题材的浮雕。

碧云寺金刚宝座塔的整体基本仿造北京真觉寺金刚宝座塔。但区别在于：大台座上又建一座小型金刚宝座塔，同时在它两侧修建两座小喇嘛塔，这种

第三章 华北地区古塔

碧云寺金刚宝座塔

古塔形制为中国仅有。孙中山逝世后，衣冠封葬于此塔内，故此塔也是孙中山的衣冠冢。

知识链接

西四万松老人塔

万松老人塔位于北京市西城区西四南大街砖塔胡同东口南侧的塔院内。万松老人即万松行秀禅师，是金、元两朝的佛教大师，他圆寂后，遗体被秘

中国古塔

密藏在此塔中。该塔初建于元代（1271—1368年），塔通体青砖结构，最早为7层，高约5米，平顶。清乾隆十八年（1753年）又加了2层，并且添加了塔尖。

现在所看到的塔为平面八角形，9层，高十余米，密檐式。塔顶为八角尖式筒瓦顶，顶上塔刹是由两层八角形刹座和宝珠组成。此塔玲珑剔透，朴实无华，保留了金、元时期塔的建筑风格。现此塔已被列为北京市文物保护单位。

白云观真人塔

白云观地处北京市西便门外，向来都有"道教全真第一丛林"的说法，是全国最著名的道教宫观。

白云观创建于唐玄宗开元二十七年（739年），刚修建完工时，命名为"天长观"。后在金正隆六年（1161年）由于火灾被毁，经金世宗下诏予以重建，并更名为"太极宫"。到成吉思汗十九年（1224年），丘处机作为道教全真龙门派创始人在太极宫掌管天下道教，并大量招收弟子，开坛宣讲道法，使这里发展为道教在北方的中心。由于丘处机号"长春子"，故太极宫又被叫做"长春宫"。后来传说太极宫中总是被白云缭绕，明洪武二十七年（1394年）便把它改

北京白云观大门

名为"白云观",并一直沿用至今。

白云观中有一座真人塔,又叫做"罗公塔",始建于雍正三年(1725年),是道教塔中的瑰宝,属于清代前期的大型石刻艺术品。塔通体石质,高约10米,与亭阁相似,却又有所不同。底部是一仰莲须弥座基台,上面建有八角形塔身。塔身上覆盖三重檐屋顶,屋檐的椽子、飞头、瓦陇、脊兽、隔扇窗等雕刻得栩栩如生,与木结构形制相同,当然在这上面也少不了雕有道教象征八卦的图案。而装饰真人塔用的是藏传佛教寺庙常用的密叠斗拱,塔顶是小八角亭式,上面冠以大圆珠,又不同于一般佛塔的塔刹,仅此一塔使白云观成为千年富观,可见其珍贵。

五塔寺金刚宝座塔

五塔寺初名"真觉寺",后改名"大正觉寺",俗称"五塔寺",是因寺中的金刚宝座塔而得名,成为中国古代建筑与外来文化互相结合的创造性杰作。

该塔位于西直门外白石桥以东的长河北岸,建于明永乐年间,清乾隆二十六年(1761年)重修。寺内金刚宝座塔建于明成化九年(1473年),是我国此类塔最早的实例。它是根据明永乐年间(1403—1424年)印度僧人班迪达带来的"佛陀伽耶塔"(释迦牟尼得道处伽耶山寺所建的纪念塔)图样建造的,但在塔的造型和细部设计上采用了中国式样。

五塔的建造别具一格,它是在原来须弥座和七层佛龛组成的矩形平面高台上,又增建五座密檐方塔而形成的。由汉白玉石建造的塔和宝座,整

五塔寺金刚宝座塔

体造型既敦厚又稳重。台座之南有一高大圆拱门，从这里可以循梯登台，在台上的中央有13层的密檐塔，四个角落的塔也有11层。在台座和塔上，还随处可见各式各样的雕刻题材：如四大天王、金刚杵、罗汉、狮子、孔雀、梵文、八宝法轮、法螺、宝伞、白盖、莲花、宝瓶、双鱼、盘长、象、马、卷草等，中间的高塔上还刻有佛的足迹，其意为佛迹遍天下。虽然种类繁多，但却华丽而不零乱，反而有种赏心悦目的韵味。在全国共有六座此种形式的塔，这是其中最精美的一座，因此获有"小蓬莱"的美誉。

万佛堂花塔

万佛堂花塔坐落于北京市房山区万佛堂村，是市级文物保护单位。万佛堂、孔水洞的花塔、密檐塔有过损毁，但也在之后成为北京重点文物抢救项目予以抢修。于1995年春开始动工修复，到1996年完成。万佛堂、孔水洞是隋唐时代建筑，于元大德元年（1279年）重建，并命名为"大历禅寺"。万佛寺古迹有三个最为精华的部分：

一是位于庙宇殿堂正面的唐代石雕；

二是三尊孔水洞及洞内石壁上的隋代石雕像；

三是花塔以及密檐塔。

花塔位于万佛堂孔水洞左侧的小山岗上，建于辽代。花塔坐北朝南，平面呈八角形，通高约28米，挺拔秀丽，以三大塔瓣进行装饰。在其塔身上还有多处"咸雍六年""寿昌七年"等题记以及金、元时代的墨书题。根据北京市文物部门考证，在北京此种花塔仅有两座。

万佛堂花塔

广安门外天宁寺塔

天宁寺塔位于北京市西城区广安门外天宁寺后院。该塔初建于辽代（916—1125年），因长期风雨侵蚀或者战乱，历代都对其进行过修缮，所以至今大部分仍保持原貌。塔通体砖石结构，平面呈八角形，共13层，高57.8米。底部为方形基台，须弥座式塔座，上面刻有3层巨大的仰莲瓣，并承托第一层塔身，四面环有拱门以及浮雕像。具有典型辽、金密檐式塔的形式：13层密檐紧密相叠，不设门窗。

此塔造型优美，精工细致，获得著名建筑家梁思成先生"富有音乐韵律"的称赞，是古代建筑设计的一个杰作。而清朝王士祯更以

天宁寺塔

《天宁寺观浮图》这首诗来赞美："千载隋皇塔，嵯峨俯旧京。相轮云外见，蛛网日边明。"可见此塔的雄伟壮观。此塔现已被列为北京市文物保护单位。

通州燃灯塔

燃灯塔，全名"燃灯舍利塔"，俗称"通州塔"，位于北京市通州区城西北白河岸边。该塔的建造年代现在还未能确定，一种说法是建于北朝梁太平二年（557年），还有一种说法是建于唐太宗贞观七年（663年）。该塔曾在清康熙十八年（1679年）的大地震中遭到损坏，康熙三十五年（1696年）予

以重修。

该塔通体砖石结构，平面呈八角形，高53米，分13层，为密檐式实心塔。该塔的下部是高大的须弥座式基座，束腰部分雕刻十分精细。第一层塔身很高，正四面辟门，其余四面设直棂假窗。每层每檐每角都挂有风铃，共2224个，是国内悬挂风铃最多的一座古塔。每个风铃的上面都刻有古代"善男信女"的姓名，字体有真、行、隶等书体，别具一格。塔顶有铜镜，是至今古塔中发现的最大的一面。

通州八景之一的"古塔凌云"，便是由此塔而得名的。

通州燃灯塔

知识链接

佛八宝

佛八宝的八件器物分别为：轮、螺、伞、盖、花、罐、鱼、盘。轮即法轮，意为"大法圆转，万世不息"；螺即法螺，意为"妙音吉祥"；伞即宝伞，可以遮蔽风雨烈日；盖即白盖，是一种层数多的伞，可以保佑众生；花即莲花，意为"出淤泥而不染"；罐即宝罐，圆而腹大，意为"智福圆满"；鱼即金鱼，用黄金铸成的鱼，有"坚固活泼，解脱坏劫难"的含意；盘即盘长，是一种盘旋状的图案，与佛经中的"迥环贯彻，一切通明"相应。

灵光寺佛牙舍利塔

佛牙舍利塔位于北京八大处公园二处灵光寺内。据史料记载，释迦牟尼圆寂火化后仅存的两颗牙齿舍利，其中一颗现保存在斯里兰卡，而另一颗就珍藏在八大处公园的佛牙舍利塔中。到现在为止，佛牙舍利塔已有800年的历史了。

佛牙舍利塔的建筑堪称精美，底部的塔基是以汉白玉石堆砌而成，并用莲花石座和玉石雕栏进行装饰。每一层塔都镶有石门、石柱、石窗。建筑形制为八角形，十三层密檐，高51米，塔顶八角攒尖，盖绿色琉璃瓦，中心立有一根木神柱，长8.5米。由鎏金覆钵、宝珠、相轮和华盖等物件仿印度建筑式样组成宝顶，通高6.05米，雄伟挺拔，金光闪烁。

灵光寺古塔

妙应寺白塔

北京妙应寺白塔位于北京西城区阜成门内大街北路、妙应寺后侧，塔体比较高大，通高51米，塔体周身洁白，极为古朴典雅，无任何雕饰，故称"白塔"。建于元至元八年（1271年），是我国现存最早、规模最大的一座喇嘛塔。

白塔建在一个高大的须弥座式平台上，台前东西两边皆有台阶，台阶正中有一组精美石雕，为"二鹿听法"，中央为一个象征佛法的法轮，雌雄二鹿静卧两旁，象征释迦牟尼在鹿野苑传播佛法。三层方形折角须弥座是它的塔基，其上有覆莲座，是由半圆突起的莲瓣组成，还有环带形金刚圈，是用来承托塔身的。这些设置使塔从方形折角基座完整过渡到圆形塔身，不但富有装饰性，而且自然洒脱。莲座外檐有明代添置的108个铁灯笼。莲瓣的上面有五道金刚圈，其上放置一个上肩略宽、最大直径将近20米的庞大圆柱体覆钵。硕大的覆钵形塔身被7条铁箍团团环绕，覆钵上的刹座也是须弥座形式，刹座上立有高大粗壮的圆锥形相轮，即十三天。十三天顶端承托覆有放射形铜板瓦的华盖，华盖直径为9.9米，共40块。其周边还悬挂有高1.8米的流苏，以及36个有镂空花纹的铜质透雕风铃，微风袭来，顿时响起清脆悦耳的铃声。华盖顶上还建有一座鎏金喇嘛塔，高近5米，重达4吨。塔身与宝瓶相似，比例匀称，轮廓鲜明，气势磅礴，是我国喇嘛塔建筑中的杰作。

妙应寺白塔

北海白塔

北海白塔位于北京市中心北海公园内琼华岛之巅，是北京城区中心重要的人文标志之一。从辽代至明代以来，琼华岛之巅修建的殿宇，就被称为"广寒殿"或"凉殿"。而在清朝建都北京后，由于顺治帝笃信佛教，又在西藏喇嘛诺门汗的建议下，在广寒殿的旧址上建起了白塔。为衬托这座白塔，从琼华岛山脚到山顶，层层布列寺院殿宇，到最高处便是这座藏式白塔。

白塔建于清初顺治八年（1651年），是一座藏式喇嘛塔。白塔高35.9米，而白塔山高32.8米，因此塔比白塔山还要高，更使其显得高大醒目。白塔的

第三章 华北地区古塔

北海白塔

组成分为三部分：塔基、宝顶和塔身。塔基的砖石为须弥座，座上有三层圆台，中部为圆形塔肚，塔肚子最大直径有14米，朝南一面极为耀眼，是红底黄字藏文图案的佛龛，装饰也比其他三面精细华丽，被称为"眼光门"、"时轮金刚门"，取吉祥如意的意蕴。塔的上部为相轮，顶部为鎏金宝顶，有"天盘"、"地盘"、"日"、"月"、"火焰"之称。宝顶缩腰处还绘有图案，为动物以及花草之类。塔身有306个通风口，塔内有一根高达30米的通天柱，可见白塔建筑艺术之高超。

知识链接

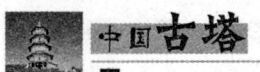

过街塔

如果按塔的体系归类，过街塔是属于喇嘛塔范畴的，是一种"高台式喇嘛塔"。因喇嘛塔建在一座高台上。高台两边开有券门洞，洞门都是南北直通或者东西通达。在其台上建喇嘛塔或层塔。正由于它建在交通要道，车辆和行人都从洞门内通过，故而就有过街塔的称呼。但实质上，它属于藏传佛塔体系。

若按照塔及高台的建造式样来划分的话，大概以五种来区分：即单门洞单座塔、单门洞三座塔、三门洞三座塔、三门洞五座塔、金刚宝座式过街塔。其中单门洞单座塔如广西桂林开元寺过街塔、青海塔尔寺过街塔、甘肃拉卜楞寺过街塔以及江苏镇江昭关过街塔。单门洞三座塔如北京居庸关过街塔，不过现仅剩塔台。三门洞三座塔如承德须弥福寺庙。三门洞五座塔如普陀宗乘庙过街塔。金刚宝座式过街塔如云南昆明官渡村的金刚宝座。此外，在内蒙古各地的喇嘛庙中，也还建有各种式样的过街塔。

为了宣扬佛法，宣扬喇嘛教，过街塔都建在交通要道的重要部位。过街塔都是独立存在的，从不和佛寺在一起建造，尽管它属于佛塔的范畴。采取这种手法来弘扬佛教，是与当时的地理环境分不开的，因过街塔盛行于元代，而当时元代统治者又起源于地广人稀的蒙古。蒙古一带就只有茫茫的大草原以及一眼望不见尽头的沙漠，在这种地方是没有寺院的。还有一点就是这里的居民为游牧民族，无定居点，经常流动，但是又对喇嘛教十分信崇，为了让他们在不停的流动中仍能经常见到他们所崇拜的佛塔，所以选择把过街塔建造在主要交通要道处。

在元代统一全国后，过街塔这种形式的塔也被引入了中原，从而在中原地区也建造了一些过街塔。但是，由于中原地区的佛教不是密教，而是以显教为主，又加上中原地区人口密集，显教佛寺比较集中，交通又四通八达。所以，在这里过街塔没有能够发展起来，因此，与西北少数民族集中的地区相比，数量少之又少。

第二节 河北古塔

燕赵大地的河北，一马平川，古塔林立。这里有定县开元寺塔，它是中国现存最高的砖塔；有曲阳修德塔、丰润车轴山花塔，它们是中国极为罕见的花塔；有承德五彩琉璃塔，它是中国最漂亮的门塔；有正定广惠寺花塔，它是中国唯一做成花塔形式的金刚宝座式塔……

正定广惠寺花塔

广惠寺花塔始建于唐贞元年间（785—804年），位于河北正定县城内生民街路东的广惠寺内，它造型奇特、结构富于变化。由于塔身上部雕塑有各种塔饰，看上去形如花束，故而称之为花塔，也称"华塔"，又名"多宝塔"。在金、明、清各代都对花塔有所修葺。现已不存在寺，唯塔屹立。

此塔高 40.5 米。第一层的平面呈八角形，在它的每个正面又另加建了六角形的亭状小塔。塔身的各个正面及亭状小塔之外都有圆拱形洞门，下面配置着奇异的斗拱。第二层为平正的八角形，上有层层斗拱檐瓦，下设平座。每面有三间，当中一间是门，两旁是假方格窗棂及长方尖形的砖砌佛龛。第三层的平座很大，而塔身却骤然缩小，四面为方形拱门。第三层塔身以上呈圆锥形。圆锥形塔身的外壁是排列错杂的浮雕状壁塑，上面绘有虎、豹、狮、象、龙及佛像等图形。壁塑部分以上有八角形檐顶，上为塔刹。花塔的装饰华丽，整个造型犹如簪花仕女，玲珑别致，是我国古塔中的一种较为特殊的形式。

开元寺定州塔

定州塔，又称"料敌塔"，位于河北省定州市城内，是中国现存最高大的一座砖木结构古塔，有"中华第一塔"之称。此塔于 1961 年 3 月 4 日被列为国家重点文物保护单位。

开元寺塔

定州塔建在开元寺内，故名"开元寺塔"，又名"开元宝塔"。据定县志记载，此塔是宋代时建造。宋真宗时，开元寺的和尚会能常到西竺（西域天竺）取经，得"舍利子"回来。咸平四年（1001 年），皇帝诏令会能建塔，把"舍利子"埋在塔底下石匣内（即金棺银椁）。建塔工期从咸平四年开始，到宋仁宗至和二年（1055 年）落成，前后共历经 54 年，工程浩大，用材极多，有"砍尽嘉山（曲阳境内）木，修成定州塔"的传说。

塔身内外两层，中间有阶梯，四面盘旋一直到顶。塔高 13 级，实为 11 层。

塔高83.7米，周围164步，座基周长127.65米。由于当时定州地处大宋北陲，与辽国接壤，在军事上用于嘹望契丹军情，从而又把它叫做"料敌塔"。

因康熙五十九年（1720年）六月初八地震，光绪八年（1882年）九月再次地震。这两次地震造成了此塔东北角自上至下裂缝3厘米左右，宝瓶摇落，并于清朝光绪十年（1884年）六月崩塌。现由国家文化部拨专款修缮，目前已修复竣工。

知识链接

中国古塔之最（三）

层数最多的古塔

我国目前层数最多的古塔是四川省灌县（今都江堰市）城边的奎光塔。该塔是一座文峰塔，共17层，为六角形的楼阁式密檐砖塔，建于清道光十一年（1831年）。此塔造型独特，将高大挺拔与纤细清秀两种风格融为一体，这在文峰塔中极为稀见。

最高的石塔

我国最高的石塔是福建省泉州市的开元寺双塔。东塔称作镇国塔，高48米；西塔称作仁寿塔，高44.06米。两塔均仿照楼阁式石塔建造，也是我国现存一对最大的石塔。

最高的密檐式塔

我国最高的密檐式塔是陕西省泾阳县的崇文塔。该塔高79.19米，八角形13层。该塔始建于明万历十九年（1591年），塔身全用青砖砌筑而成。

最大的花塔

我国最大的花塔是河北省正定的广惠寺花塔。该塔建于金代，高40.5米。该塔造型奇特，结构极富变化，其中第二层塔体形似巨大的花束。

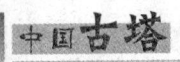

最大的塔林

我国最大的塔林是河南省登封市的少林寺塔林。该塔林共有从唐朝至清朝一千多年间的砖石墓塔220多座,形式多样,雕刻丰富。每座塔的大小、形状都不一样,高的有十几米,矮的只有1米左右,是研究我国古代砖石建筑和雕刻艺术的文物宝库。

保定兴文塔

"兴文塔"始建于唐天宝三年(744年),是涞源县的标志性建筑。据史料记载,明嘉靖十八年(1539年)由僧道两家共同主持对此塔进行了维修。经专家考证,此塔结构样式属于辽代建筑,具有较高的历史、科学、艺术价值。因此,1982年,兴文塔已被河北省人民政府公布为省级重点文物保护单位。

兴文塔通体采用实心砖塔,建筑形式为八角五级阁楼式,修缮后重新测量,高27米,占地面积37.6平方米,组成此塔有三部分:须弥座、塔身、塔刹。第一层塔身最高,以上每层高度逐级递减,全塔除角梁外,都是仿木构件。须弥座下枋刻仰莲,上枋刻俯莲。用砖条砌成中空,八个龟

保定兴文塔

角刻花纹。塔顶呈八角攒尖式。

兴文塔的装饰也较华丽,由斗拱支撑该塔檐部和平座,斗拱为柱头一朵,补间一朵,第一层塔身檐部斗拱出两跳,五铺座,平座斗拱为一朵三升,柱头斗拱加抹角拱。檐下用枋支撑檐飞,檐部八角用方砖铺面,平座饰构栏,栏板用砖砌成条状,望柱顶端呈圆球形。

此塔经过千年的风雨沧桑,塔身第五层已经严重风化,塔刹倾斜,成了斜刹塔。兴文塔的损坏引起了来源县县委、县政府的高度重视,2005年,对兴文塔进行了修缮,修缮时最大限度地保留了原塔部件。如今,兴文塔又恢复了往日的风采,巍然屹立在拒马河源头。

涞水庆化寺花塔

庆化寺花塔位于河北省涞水县北洛平村北2.5千米处的龙宫山南麓,矗立在原庆化寺山门外正南约100米的山崖平台之上。现庆化寺已毁,仅存此塔。

花塔通体砖结构,高13米,围长19.2米,呈八角形基座,基座上的须弥座高3.4米,皆雕一尊力士像在束腰各角。每面均设壶门两个,以吹、拉、弹、舞等形态各异的乐伎雕刻在内,束腰以上砖雕斗拱承托平座,平座构栏各角用柱,每面用间柱一根。栏板为几何纹饰,上托素面平座,平座上为塔身,高3.6米,四个正面辟拱券门,拱顶的两角处各雕飞天一尊,其余四隅各设直棱假窗。塔身各角施半圆形倚柱,上撑第一层塔檐斗拱,斗拱以上是砖雕椽飞,其上覆盖瓦顶。第一层檐以上至塔顶是由

庆化寺花塔

八层砖砌小佛龛构成的圆形塔檐,每个小佛龛上部雕有3个寿桃,排列成三角形。从第二层至第七层,每层16个佛龛,第八层缩为8个,共计120个。该塔始建年代不详,但从塔的造型及建筑风格分析,当属辽代遗物。1993年被列为河北省文物保护单位。

2001年6月25日,庆化寺花塔作为辽代古建筑被国务院批准列入第五批全国重点文物保护单位名单。

衡水宝云塔

宝云塔位于河北省衡水市境内,通体砖木结构,高35米,底座周长25.6米。第一层的南面有一拱券佛龛,龛里原有一尊石雕莲花坐佛,另在塔顶有一葫芦形塔刹。宝云塔的各层建筑有的为鸳鸯斗拱,有的为梅花斗拱,其风格各有不同。全塔呈9层8面棱锥体,雄浑古朴,体现了劳动人民的建筑才能。塔的每一层都精心别致,其第一层为双层塔檐,并在南面和北面各有一券门。第二层东面和西面开有券门,第三层又是南北各有一券门,到第四层以上,则四面各有一门。由底层至第七层,塔内有砖阶盘旋而上,但塔底部为穿心式,在塔内拾级而上,可到二、三、四层,每上一层,必须由塔外沿塔檐转半圈后,从另一券门进入塔内。若要再上一层时,仍需从券门走出塔外,转半圈进入塔内……以这种形式设计,攀援登塔,使其身临其境,颇有惊险之感。身在塔内,方圆数十里尽收眼底,虽可一览无余,但贴塔而行,心中仍然惴惴不安,一直待到下到塔底,才轻舒一口气,有安全落地之感。塔的第五层以上,为空筒式,在塔内拾级而上,不需要步出塔外。

关于宝云塔的建造时期,史书所载也不尽相同,有一种说法是建于隋朝,另一种说

衡水宝云塔

法是建于唐朝，多年来一直未能确定。1980年5月30日，中国科学院自然科学史研究所张驭寰教授等三人，对宝云塔进行了实地考察，根据一、二层塔檐的"批竹头"、"方形圆开"的券门等建造形式，确定了该塔属于唐代建筑风格，但三层以上的座、檐及雕刻的窗棂等又具有明显的宋代建筑特点。因其判定这是采用唐代的建筑风格，以宋代建筑特点而建造的，所以鉴定其为北宋初期所建。

2006年5月25日，宝云塔作为宋代古建筑，被国务院批准列入第六批全国重点文物保护单位名单。

故城庆林寺塔

庆林寺塔位于河北省故城县郑口西南的饶阳店村东。饶阳店村原有一座规模颇为宏伟的庆林寺，该塔处于寺内，故而得其名。庆林寺塔原属庆林寺古建筑群的一部分，因年代久远，现其他建筑均已不复存在，唯有宝塔独立，也称"饶阳店塔"。

该塔通体用青砖砌成，坐南朝北，平面呈八角形，下为塔座，塔身高六层，为楼阁式砖塔，总高35.67米，建筑面积达165.2平方米。每层之间砌有双层塔檐，其造型挺拔秀美，砌筑精巧。

塔顶有一铜葫芦塔刹。一层为3米多高的塔基，两层以上，每层各在东、西、南、北有一个券门。门上有窗，窗上装有菱纹、云纹和莲花纹的窗棂。花饰精美，各不相同。塔檐为45°斜拱。塔内穿心式和壁内折上式相结合，可拾级而上到达塔顶，四壁还有大小不同的佛龛、灯龛等。该塔精巧玲珑，造型美

庆林寺塔

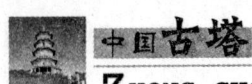

观，独具一格。

据饶阳店关帝庙的碑文记载：北宋初年，有饶、杨两姓在此开店，故名"饶杨店"。在塔的内壁上，有许多游人题的诗词，其中一首是明朝嘉靖年间侍郎、本县人王士嘉题写庆林塔的诗：

浮图何代建？峭拔入云端。

绝顶登临处，摩挲星斗寒。

从诗中不难看出，连明朝的王士嘉也不清楚塔的建造年代。不过，早期的《武城县志》和《故城县志》，都说庆林寺塔是唐代建筑。直到 1990 年，中国科学院的张驭寰教授对庆林寺塔进行实地考察后，根据该塔的建筑风格和特点，才确定其为北宋初期所建。

新中国成立后，于 1957 年和 1976 年，两次进行修缮，该塔至今保存完好。

2006 年 5 月 25 日，庆林寺塔作为宋代古建筑，被国务院批准列入第六批全国重点文物保护单位名单。

灵寿幽居寺塔

幽居寺塔位于河北省灵寿县西北山区的沙子洞村，距离县城 55 千米。那里群山环绕，丛林叠翠，环境清幽。

据碑文记载，该寺为北齐天保八年（557 年）赵郡王高睿所建，早已损毁，仅存碑、幢、一些石佛像以及一座方塔。方塔平面呈正方形，建于方形石基上，7 级，高约 20 余米。第一层正南面有拱券门，从这里可以入内。第二层以上，面阔和高度递减，各层共有 17 尊汉白玉石小佛像，并随塔层逐层缩小，刻工精细，为北齐石

幽居寺塔

刻珍品。塔顶用仰莲花承托塔刹，颇具特色。1991年进行维修，保持了唐代古塔简洁秀丽的风貌。

2001年6月25日，幽居寺塔作为唐代古建筑，被国务院批准列入第五批全国重点文物保护单位名单。

知识链接

正定临济寺澄灵塔

临济寺澄灵塔，位于河北省石家庄市正定县城生民街东侧的临济寺内，俗称"青塔"、"衣钵塔"。1956年该塔被公布为省级重点文物保护单位。

临济寺是一座历史悠久的寺院。东魏兴和二年（540年），临济村人在此地修建了临济院，晚唐时禅师义玄主持此院，并创立临济宗，吸引了八方信徒纷纷来此参师求学，盛极一时，成为中国佛教禅宗五大支派之一。

澄灵塔通高30.7米，是一座砖砌八角九级密檐式实心塔。塔底为宽广的八角形石砌台基，台基之上设须弥座，并以极其富丽的奇花异鸟图案雕饰在束腰部分，其上为仿木构砖雕斗拱、平座、栏杆；再往上即为砖制三层仰莲用来承托塔身。塔身第一层很高，正面设对开式拱形假门，侧面雕饰花棂假窗，转角处设圆形倚柱。塔身的8层塔檐相距很近，给人以重檐密布之感。从整体上来看，木制结构的有第一层椽飞和各层角梁，其余各层檐下斗拱和平座栏杆均是砖仿木构。塔顶是用砖雕刻的刹座，用铁铸的相轮、仰月、宝珠，增加了佛塔的庄重之感。

澄灵塔设计精巧，造型美观，雕饰富丽，结构富于变化，堪为密檐塔中的精品。但由于年代久远，又失于修缮，故早已残破不堪。1985年，相关部分对其进行了大修，各层瓦顶、残破的斗拱、砖雕、铜镜等均一一修缮，使其面貌焕然一新。

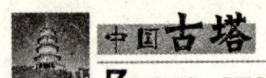

临城普利寺塔

普利寺塔，又名"万佛塔"，坐落在河北省临城县城关东北部。据重修普利寺碑文记载："宋皇佑三年（1051年）建，明嘉靖二十四年（1596年）、万历四年（1576年）重修。"距今已有900多年的历史，是邢台市保存完整的第二古塔，为省级文物保护单位。

该塔坐北朝南，塔的基层砖墙上刻有974个小佛像，内壁四周砖刻佛像40个，故又名"千佛塔"、"万佛塔"。塔内有一口井，井内葬有志云异僧佛牙舍利，故又称"舍利塔"。塔居城北岗南，依坡就岗，塔基高10米、南北

普利寺塔

长28米、东西宽23米，为石砌方台。塔身呈正方形，砖砌而成，高33米，九级八檐，大型飞檐斗拱，顶端有金属塔刹，每层四角均挂有玲珑铁钟，晚风徐来，叮当悠远，"普利晚钟"为临城八景之一。

1959年该塔遭到雷击，塔顶稍向东倾斜。1981年国家拨款对塔身进行了维修。1991年，塔台东壁石墙遭暴雨冲毁，河北省文物局拨款进行了抢修。

2001年6月25日，普利寺塔作为北宋时期的古建筑，被国务院批准列入第五批全国重点文物保护单位。

三河灵山塔

灵山位于北京东河北省三河市城区东北7.5千米处，海拔877米。山虽不高，但很秀丽，东面与整个燕山相连，其余三面均为平原，有泉水从灵山南麓涌出，是京东首处集山、水、林、古迹于一处的自然景区。灵山尤以泉水为盛，泉水清澈甘甜，汇流成溪，环绕九十九湾进入洵河，素有"灵山素玉"的美称。

灵山塔位于灵山山顶，建于辽代，距今已有1000余年的历史。塔分五级，高13米，通体砖木结构，呈八角形。塔座雕有牡丹、芍药图案，其花形叶脉雍容大方；塔基上部砌有连云图案，其线条自然流畅。每层塔角还悬挂有风铃，清风徐来，叮当作响，悠扬悦耳，可传到十里开外，别有一番

三河灵山塔

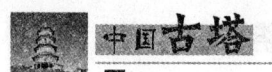

风韵。

1998年，三河市对古塔进行了全面维修，并在塔的周围加建了汉白玉护栏，更增加了灵山塔的威严与雄伟。

赤城重光塔

重光塔位于河北省赤城龙关镇境内。据《龙门县志》记载："龙关城北隅，旧有唐代所建华严寺，明初已毁损，唯存半层残塔，寺院倾颓，掩于荒榛野草中。断壁残垣，见者兴嗟。明代后军都督杨洪巡城见后，叹道：'如来所栖之所，何至颓废于此？待我事毕，必修之。'"不久，杨洪肃清边患，为偿夙愿，"出私币，购良材，请工师"，在原华严寺遗址上重修宝塔，拓建寺院。工程完毕后，英宗敕赐寺名"普济"，塔名"重光"，言外之意在于收复塞外失地，使山河重光。

重光塔塔形优美，塔身高峻，清秀挺拔，气势宏伟，被誉为"龙关八景"之一。塔通体砖石结构，八角七层，高33.67米。塔身内设蹬道，可绕上6层。民间谚语传"龙关有座塔，离天整三拃。因龙关城地处边塞要冲，杨洪在修建重光塔时，更体现了一个军事家的深谋远虑，不但考虑到它的佛事活动，而且还赋予它军事瞭望功能，使之成为一塔多用的建筑，为京西地区所仅有。

重光塔

知识链接

邢台小开元寺塔

在河北省邢台县龙泉寺村的东山上,原有一寺,名"开元寺"。明朝正德年间,该寺长老招来大批能工巧匠,在寺中建了一座塔,名为"小开元寺塔"。后小开元寺连寺庙及其他建筑均已不复存在,唯有此塔依然矗立,可惜也于2011年倒塌。

此塔高约16.7米,是由青红两色古砖砌成,相映成辉,望之赏心悦目。第一层是花卉雕,分四面,每面三幅,分别雕镂了水仙、玫瑰、牡丹、芍药、木兰、迎春、腊梅、秋菊、莲花、月季等,百花荟萃,争芳斗妍。在一层的正南面,还有一组别具风格的人物石雕,一人骑一匹"四不像",悠然自得,造型生动而古朴。第二层是结构严谨的图案画。第三层是动物浮雕,有金雀、梅花鹿、麒麟及雄狮等,形态迥异,惟妙惟肖。

塔身南北各有一砖刻门扉,门的上方各嵌一青石碣碑。北面碑文上落款:开元寺。中间两行楷书:宝峰长老,贵公寿塔。下赘:正德三年。南面碑文记述弟子为师傅造塔之事和他们的名字。石碑之上又分为四层,每层均为六角飞檐形,飞檐错落有致,结构严谨。每层的底部,各有一支含苞待放的莲花,托一砖柱作为裹角。这种别具匠心的设计,把艺术与建筑巧妙地融合在了一起。

塔顶翘立着一只美丽的石雕雄鸡,向着远方的山野,引吭高歌。

蔚县南安寺塔

南安寺塔位于河北省张家口市蔚县城南门内西侧,始建于北魏,现存为辽代重建物。

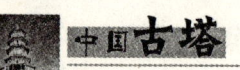

塔形呈平面八角形，为实心13级密檐塔，高28米。

此塔是由塔基、塔座、塔身、塔刹四部分组成的。塔基由石条叠砌，高3.6米；塔座呈八角形，砖仿木结构，基部砖叠涩7层。八角每面出兽头，东西南北四面浮雕兽头，并雕有篆字"福禄"，顶仿木结构出檐，顶上施仰莲，高3.4米，每面宽3米；塔身第1层较高，有隅有塔柱，塔横额置斗拱，四面置券形假隔扇门，另在四面开小窗，顶部雕盘龙，斗拱之上出飞檐。两层以上，层与层之间紧紧相连，有砖檐隔开，各层之隅均悬挂铁锋；塔刹由仰复莲花承托着，由覆钵、相轮、圆光、宝珠组成刹身，十分挺拔，有直冲云霄之姿。

2001年6月25日，南安寺塔作为辽代古建筑，被国务院批准列入第五批全国重点文物保护单位名单。

正定须弥塔

须弥塔位于河北省正定市常胜街西侧开元寺内。开元寺原名"净观寺"，始建于东魏兴和二年（540年），隋开皇十年（591年）改名"解慧寺"。唐开元二十六年（738年）奉诏改名。至清后期，因年久失修，寺院废毁，殿堂塌落，仅存钟楼和须弥塔。

钟楼通体砖木结构，为2层楼阁式建筑，平面呈正方形。面阔、进深各三间，建筑面积达135平方米。单檐歇山顶，上布青瓦，通高14米。有唐代建筑的艺术风格，如大木结构、柱网、斗拱，甚至上层木构件还有相当部分保持了唐代原貌。

须弥塔是河北省现存年代最早的一座木结构钟楼，也是北方古塔中年

开元寺的古建筑须弥塔

代较早的一座。钟楼上挂铜钟一口，高 2.9 米，口径为 1.56 米，厚 15 厘米，造型古朴，为唐代遗物。

须弥塔，俗称"砖塔"、"方塔"，坐落于钟楼西侧。塔身建在高约 1.5 米的正方形砖砌台基上，塔的平面呈正方形，密檐九级，举高 39.5 米，塔身第一层较高，下部砌石陡板一周，各面两端均浮雕一尊雄劲有力的力士像。

正面辟石券门，门框刻有花瓶、花卉图案，门有双龙戏珠浮雕。门楣上端镶嵌长方形石匾，上面镌刻着四个楷书大字"须弥峭立"。每层砖砌叠涩檐，四角悬挂风铎。塔身宽度从第 2 层开始收缩，外观清秀挺拔，简朴大方，颇似西安唐代的小雁塔，是叠涩出檐塔的典型作品。

须弥塔内第 2 层塔内呈空筒式，内壁垂直，上下贯通。第 2 层以上的 8 层，虽然各设一方形小窗，但没有台阶可以攀登。

须弥塔是正定古城"四塔"之一，也是我国建筑宝库的珍贵遗产。1956 年被列为省级重点文物保护单位。1988 年被列为全国重点文物保护单位，并落架重修。

正定天宁寺凌霄塔

天宁寺凌霄塔位于河北省正定县大众街原天宁寺内，因巍峨高耸而得名，由于塔身为木质结构，又称"木塔"。始建于唐咸通年间（860—874 年），历代均有修葺，现存为宋、金时的建筑。

该塔通体砖木结构，为 9 层楼阁式塔，高 41 米，平面呈八角形，矗立在八角形台基上。宋代在唐塔残址上重建其塔身 1 层至 4 层，为全砖结构，4 层以上则为金代重建，为砖木结构。天宁寺凌霄塔每层正面各辟拱形洞门或直棂窗，4 层到 9 层的半拱、飞檐皆为木制。天宁寺凌霄塔从第

凌霄塔

5层开始，各层高度逐层收缩，给人以轻盈挺秀之感。天宁寺凌霄塔的最大特点是在塔身第4层中心部位竖立一根直达塔顶的木质通天柱，并依层位做放射状。八根扒梁与外檐相连，塔刹原本是铁铸，9层相轮呈枣核状。像天宁寺凌霄塔这样的结构在国内现存仅此一例，极其可贵。天宁寺凌霄塔与木塔的结构不同，也有别于一般的砖木结构塔。1982年，考古学家在勘察天宁寺凌霄塔时，在其塔基下发现了地宫。经清理，出土了一批颇有价值的文物，并为断定该塔的确切年代提供了可靠依据。天宁寺凌霄塔现为全国重点文物保护单位。

易县双塔庵双塔

双塔庵双塔，又有"太宁寺双塔"之称，位于河北易县西陵乡太宁寺村西北1.5千米处的半山腰。

北塔创建于辽代，为八角13层密檐式实心砖塔，虽经明万历年间重修，但仍保存着辽代的建筑风格。塔通高17.4米，分为三部分：塔座、塔身、塔刹。塔座为须弥座，束腰部分放置一力士像于每角，每面分为两块，雕有图案祥云、蜗牛、蚯蚓、金鱼等。束腰之上为砖雕斗拱承托构栏，构栏上也雕刻有各种图案，上置仰莲座承托塔身。塔身第一层正面辟拱形券门，门内有方形天宫，覆斗顶；正面两侧的斜面上各用砖雕一菱形棂条的窗户。每角处均有一砖雕7层小塔，之

双塔庵双塔北塔

上为砖雕斗拱承托砖雕檐椽、飞椽等檐部,椽面为筒瓦,角梁为木质,端部置禽兽、风铎。第2层以上檐部均为砖叠涩而承托檐部。塔刹为2层仰莲承托宝光。

南塔创建于南宋绍兴十四年（1144年），为六角三层密檐式实心塔，高10.58米，也分为三部分：塔座、塔身、塔刹。塔座为砖砌台上置须弥座，束腰部分为砖雕，上置斗拱承托构栏，构栏之上置仰莲座承托塔身。第1层正面辟门，内为佛龛，门券上雕有相对应的飞天。对面辟砖雕假门。其余各面置砖雕假窗或砖雕盘龙碑首，每角均有砖雕塔柱。第2、3层为檐式结构，均为叠涩砖承托檐部。塔刹部分自下而上为砖砌覆钵及13层相轮、仰莲、宝珠。

双塔于1993年被公布为河北省文物保护单位。

知识链接

宝箧印经塔

宝箧印经塔是一种造型奇特、与众不同的古塔，因其形制颇似宝箧（匣），其内又珍藏印经，故得名"宝箧印经塔"，又名"阿育王塔"。又因其大多为金属铸制，其外鎏以金色，故又称"涂金塔"。这种形制的古塔在宋、元时代曾盛极一时，并东传至日本，成为日本古塔中一种重要的类型。目前所见的宝箧印经塔，多为可随意挪动的小型供奉塔，少见地面建筑塔。其中著名的有安徽省博物馆所藏的涂金塔、河南省博物馆所藏的宋三彩阿育王塔、福建福州开元寺石塔和广东潮州开元寺石塔。

第三节
山西古塔

并州山西，曾获得"古代文明宝库"的称号，也是目前中国最大的"宝塔之乡"，其境内不少于150座古塔。这里有应县佛宫寺木塔，它是现存世界上最高的古代木结构塔式建筑；有洪洞广胜寺飞虹塔，它是现存最美丽的琉璃塔；有汾阳建昌塔，它是最高的明代砖塔；有永济普救寺莺莺塔，它因为《西厢记》而芳名远播……

五台山塔院寺大白塔

大白塔位于山西省五台山塔院寺内，是五台山的标志性建筑。塔外涂白，洁白如玉，塔基为正方形，高约50米，雄伟挺拔，直指蓝天。塔身状如藻瓶，粗细相间，方圆搭配，造型优美。塔顶盖铜板八块，按八卦排列成圆形。塔腰及华盖四周悬风铃252个，风吹铃响，悠然成韵。古人言此塔："阙高入云，神灯夜烛，清凉第一胜境也。"

据史书记载，塔院寺内高耸入云的尼泊尔式的大白塔建于元大德五年（1301年），系尼泊尔匠师阿尼哥设计建造。明永乐五年（1407年）修塔时，将慈寿塔藏在了大白塔的腹内，所以大白塔也被称为释迦牟尼佛真身舍利塔。故明代镇澄法师称大白塔是："自是藏灵久，神拜万古崇。"

1948年4月，毛主席、周总理和叶剑英同志从延安出发，东渡黄河去河北平山西柏坡时曾路经此地，住塔院寺方丈院内。

现在，大白塔东有文殊发塔塔座及明万历年间重修塔院寺碑记。在白塔

塔院寺大白塔

的东边还有一座小白塔,相传此塔内藏有文殊菩萨显圣时遗留的金发,所以又称"文殊发塔"。藏经阁在大白塔北侧,是一座木结构建筑,内有用汉、蒙、藏多种文字所写的经书2万多册,其中有宋至清乾隆年间2000多册经卷善本。

据说蒙藏人朝圣,多绕大白塔还愿,且行且念或叩头。塔中层建有塔殿三间,内有三大士铜像、瓷质济公像以及木雕刘海戏金蟾等。

洪洞广胜寺飞虹塔

飞虹塔在山西洪洞县一座小山顶上的广胜寺内,是国内最大最完整的一座琉璃塔。该塔始建于汉,屡经重修。现存为明正德十年至嘉靖六年间(1515—1527年)修建的。明熹宗天启元年(1621年),京师大慧和尚又于飞虹塔的底层加建了一圈回廊,遂成今日之规模。

该塔为砖砌楼阁式塔,八角十三层,通高47米。外形轮廓由下至上逐层

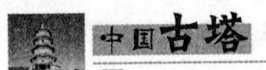

收缩，形如锥体。塔身用砖砌，外镶黄、绿、蓝三色琉璃烧制的屋宇、神龛、斗拱、莲瓣、角柱、栏杆、花罩及盘龙、人物、鸟兽和各种花卉图案，把塔身装饰得绚丽多姿，金碧辉煌。塔底层设有回廊，回廊南面入口处突出一间二层屋。底层塔心室内有非常华丽的琉璃藻井。飞虹塔轮廓线不是魏晋隋唐以来常见的柔和的抛物线，而是一条直线，比较僵直，但铺满全塔的琉璃贴面反映了山西民间高超的琉璃烧造技艺。

塔中空，有踏道翻转，可攀登而上，设计十分巧妙，为我国琉璃塔中的代表作。清康熙三十四年（1695年）临汾八级地震，此塔安然无恙。

广胜寺飞虹塔

临汾大云寺金顶宝塔

临汾大云寺创建于唐贞观六年（632年），重建于清康熙五十四年（1715年）。位于山西临汾市西南隅，布局紧凑、错落有致，由前后两座院落组成。中轴线上依次布列有山门、过厅、大雄宝殿、宝殿、藏经楼，两侧为配殿，旁院有禅堂、经舍等建筑，是平阳地区著名的佛刹之一。

全寺的精华是金顶宝塔，位于后院。它为方形五层楼阁式砖塔，高约35米。塔身一至五层为方形，其上为八角形，似为后人增补。因为佛塔层数都做单数，金顶宝塔本为四层，后人又加一层作为塔刹之需，所以共计五层。底层宏大中空，前设板门，后置槅扇，中心奉巨形铁佛头像一尊，高6米，宽5米，外饰泥塑彩绘，造像特征应为唐代原作。像头上方，是砖卷八瓣盝顶形藻井，正中倒悬宝珠。一层壁面下部设有砖雕壸门，内雕祥龙、玉兔、麒麟、鹿及花卉。除二层有平座外，其余各层设有塔檐，檐下以砖雕仿木斗

第三章 华北地区古塔

拱挑承檐出，檐上瓦垄、脊饰皆为黄绿色琉璃制作。在塔各层中部均嵌有以绿色为主的琉璃方心，共计58方，内雕佛、菩萨、罗汉、弟子以及佛传故事图案，人物雕琢精细，色泽艳丽，这些精湛的琉璃制品，均出自山西阳城县著名匠师之手（阳城为著名的琉璃制品之乡）。塔顶八角攒尖式，上设刹座、覆钵、相轮、宝珠。此塔建造年代较早，但是改来改去，已失去当年的式样，至今仍为清代作品，为清代塔中的优秀典范。

山西应县佛宫寺释迦塔

大云寺金顶宝塔

佛宫寺释迦塔为中国辽代高层木结构佛塔，位于山西省应县城内西北隅的佛宫寺内。因塔内供奉释迦佛而得其名。又因塔身全由木制构件叠架而成，所以俗称"应县木塔"。佛宫寺建于辽代，历代屡次修缮，现存牌坊、钟鼓楼、大雄宝殿、配殿等都是在明、清两代加以改建的，这些改建又以辽清宁二年（1056年）建造的释迦塔巍然独存，后金明昌二年至六年（1191—1195年）曾进行加固性修补，但仍没有改变其原状，是世界上现存最古老、最高大的全木结构高层塔式建筑。塔为平面八角形五层六檐楼阁式，总高67.31米。塔身矗立在一个大型砖石基座之上，基座分两层，下层方形，上层八角形，高4.4米。该塔每层之间的平座内均设有一级暗层，所以塔身实为九层。附阶周匝，正南面辟门，塔底层直径为30米。二层以上皆设斗拱挑出平座构栏。每层柱间装隔子门。各层柱头上施斗拱悬挑塔檐，檐上覆盖布筒板瓦，顶层为八角攒尖屋面。

塔身构造是逐层立柱，纵横施以梁枋，其间有斗拱垫托，夹层撑设斜材，自下至上逐层叠架而成。每层随塔身内外设柱子两周，遂致各层构成塔室、围廊和平座。每面分隔三间，有门额、立颊结成框架稳固柱身，围廊绕塔室形成八面排列的桁架。

塔身斗拱依其部位、结构和形状分类，达54种之多，可谓集中国古代建筑斗拱之大成。

塔刹由铁铸部件组合而成。刹下砖砌莲台式基座。刹高9.91米，有仰莲、覆钵、相轮、露盘、仰月及宝珠等。8条铁链系于戗脊下端，久经风雨，完好无损。

塔内各层均有塑像。底层的释迦如来坐像高11米，内槽四周绘有壁画，技法精湛。底层内槽上部置藻井，布列纤巧，是辽代小木作中的精品。二层佛坛呈方形，坛上塑佛像一尊，菩萨像两座；三层佛坛呈八边形，坛的四周束腰镂刻精细，坛上塑四方佛；四层塑有一尊佛像，两名弟子像和两座菩萨像；五层塑有一尊佛像和八大菩萨像。这些塑像均比例适度，面相俊美，从造型风格来看，当是金代明昌年间时塑造的。

1952年应县成立了木塔文物保管所，修筑围墙，排除污水，清除杂草。1974年以来文物部门又对塔基和塔身残坏腐朽部分以及局部结构进行了加固维修，如修补了残缺的台基栏杆、斗拱和楼板，修复了"文化大革命"中损毁的塑像等。1986年又加固了底层南向门道两侧的壁画。

1933年，中国营造学社对应县木塔进行了全面的考察研究，1935年进行实地测绘。1962年，文物出版社又予以补测考察，古建筑研究专家陈明达编著了《应县木塔》一书。1961年，中华人民共和国国务院公布应县佛宫寺释迦塔为全国重点文物保护单位。

应县木塔

知识链接

应县木塔的传说

关于应县木塔的建造，当地流传着这样一个传说：从前有个皇帝得了个恒山的妃子，对其宠爱之至，可是妃子因为思念家乡而整天愁眉不展。皇帝为讨妃子欢心，决定在应州建一座木塔，以便她登高遥望恒山。皇帝下旨要工匠在一年之内造起一座"明六层、暗九层，层层要有八角楼，里外上下用木头，一直盖到云里头"的木塔，延误期限者斩首。工匠们这下犯了愁，捉摸不出这木塔的模样，三个月过去了还没动工，一天，一个老头要与工匠们一起造塔，工匠让老头先去厨房吃饭。过后，工匠们到厨房一看，老头不见了，桌上摆着一个用筷子搭成的木塔模型，工匠们一数正是明六层、暗九层、八个角，一个钉子也不用。大家如梦方醒，知是鲁班师傅见弟子有难，前来搭救。第二天，工匠们便开始按木塔模型开始造塔，如期建起了高塔。直到现在，人们还说："应县木塔是鲁班爷造的。"

太原双塔

双塔建成于1612年，"两峰插天"，为世人瞩目，被誉为"晋阳奇观"。历代的地方志书都把"凌霄双塔"作为古太原城的八景之一，其影响之大甚至使其寺院的本名"永祚寺"也鲜为人知，直至被"双塔寺"所取代。

太原双塔的特异之处更在景色之外，它矗立于出世的佛家与尘世的喧闹间，形成一种独特的存在。事实上，同建于明朝万历年间，高度、外形都极为接近，相距不过50米的双塔，承载着的是完全不同的使命。创建于先的文峰塔，是"起自堪舆家言"的风水塔，是地方乡绅为弥补该地的地形缺陷，振兴地区文化的一个标志性、欣赏性建筑。它的造型虽然取材于佛教的浮图，

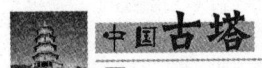

中国古塔
ZHONG GUO GU TA

太原双塔

但是与佛门没有丝毫关系；而继建于后的"舍利塔"——宣文佛塔则是佛门的圣物，是供奉佛舍利、藏佛经，受佛门弟子瞻仰、顶礼膜拜的宗教建筑。

近在咫尺，本质却相去甚远，两种截然不同的文化却又并存不悖，这与建城2000多年来，大部分时期处于各民族文化习俗交流前沿的太原城，是如此相似。

蒲州莺莺塔

莺莺塔位于山西省永济市蒲州古城东3千米处的普救寺内。莺莺塔因为元代著名杂剧作家王实甫的《西厢记》而闻名天下。当年，张生赴京赶考，中途遇雨，便到普救寺游玩。碰巧在寺内看见了扶送父亲灵柩回乡的崔莺莺，两人一见钟情。如今大雄宝殿的西侧就是当年张生的读书处西轩，就在大雄宝殿的东侧就是当年莺莺和她的母亲及侍女红娘居住的梨花深院。在这里有张生越墙会莺莺的跳墙处，也有张生上墙踩踏过的杏树。现在沿当年张生游历过的小径重建了梨花深院、后花园、跳垣处等，并塑造了一组佛像和《西厢记》人物蜡像，依照《西厢记》剧情再现了惊艳、借厢、闹斋、请寓、赖婚、听琴、逾垣、拷红等一幕幕戏剧场景。

莺莺塔雄峙于普救寺西侧，古朴端庄，高大伟岸。但在明嘉靖三十四年（1555年）的那次地震中予以损毁，现今我们看到的莺莺塔，是公元1563年重修的。塔内外呈四方形，塔檐呈微凹的曲线形式，这些都说明莺莺塔保留了某些唐塔的特征。

莺莺塔通体用砖砌筑，回廊围绕，全塔共13层，高36.76米。1层至6层环环相扣，7层以上突然收缩，使整个塔显得更为灵巧。塔内各层之间有甬道相通，一般人可上至9层。但六、七层不能直接相通，必须从六层下到五层后才能上去。更为引人注目的是，莺莺塔具有奇特的回声效应。若在塔的附近以石相击，人们在一定位置便可听到类似青蛙鸣叫"咯哇、咯哇"的回声。传说是匠师们筑塔时在塔内放有金蛤蟆，实际上是塔身中空而导致的。莺莺塔回廊西侧外有一个击蛙台，台下不远的山坡上有一座名叫"蛙鸣亭"的小亭，这里是听类似青蛙鸣叫回音的最佳位置。莺莺塔还具有收音机、窃听器和扩音器的效能。在莺莺塔下，人们可以听到很远地方的声音，如2.5千米外蒲州镇上的唱戏声、锣鼓声，当然也可以

莺莺塔

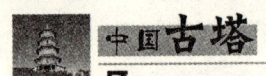

听到附近村镇上的汽车声、拖拉机声,人们在家里的说话声、嬉笑声,以及鸡鸣狗叫声等。另外,塔下的鸟叫声,通过莺莺塔的"扩音"之后,声音还可以变大,然后传播到很远的地方去。

在莺莺塔内造成其回声机制的主要有三个原因:

(1) 塔内是中空的,站在塔的中层听上面的人说话,由于声学反射效应,声音就好像是从下面传来的。

(2) 塔檐上的复杂结构有反射作用。

(3) 墙壁反射。

莺莺塔主要是通过墙壁反射,所以在塔的四周击石拍手,都能听到清晰的蛙音回声。随着位置的变换,这蛙音回声也可以接收到从空中或地面传来的声音变化。《方志》中把这一奇特现象称之为"普救蟾声",是古时永济八景之一。

由于《西厢记》的问世,使得这个"普天下佛寺无过"的普救寺名声大噪,寺内的舍利塔也被更名为"莺莺塔"而闻名遐迩。而美丽动人的爱情故事,千百年来一直撼动着人们的心灵,使它成为蜚声卓誉的游览胜地,并成为我国古代四大回音建筑(另外三大建筑是北京天坛回音壁、四川潼南石琴和河南三门峡市蛤蟆塔)之一。

知识链接

浑源圆觉寺塔

圆觉寺塔全称为"圆觉寺释迦舍利砖塔",俗称"小寺塔",位于山西省浑源县城北隅,建于金正隆三年(1158年),塔高九层,密檐飞拱,通体用砖砌,呈八角形,为全仿木结构建筑。圆觉寺塔分为三部分:基座、塔身、塔顶。塔座高约4米,也是仿木结构建筑。塔座有上下两道堂门式束腰，以砖刻浮雕布满座基四周，总计三组，其中有40个舞乐人像，其姿态各异，形象生动，如有作长袖舞的，有作长绳舞的，有手抱琵琶的，有撑羯鼓吹羌笛的，有拍击板的，等等。这对研究我国古代民族文化，特别是北方民族的歌舞、乐器有一定的价值。塔身下直、上尖，呈圆锥形，第一层距塔座较高，以后各层，层层紧收，到第九层突然升高，同第一层上下对应。每层檐角皆悬挂风铃，共有72个，风动铃响，像一首交响曲。

除第一层外，其余各层均无梯级可攀登。第一层四面辟门，但只有正南是真门，其他三门皆是假门，这三个假门也别具一格，匠心独运，有的半开，有的虚掩，有的紧闭，真假难分。

从南门进入塔身内室，正中为须弥座，上塑释迦牟尼佛像，四壁施彩绘，色彩尚新。塔顶上端安装莲花式铁刹，再上为覆钵、相轮、宝盖、圆光、宝珠，铁刹尖端有一翔凤，翔凤也能随风转动，千百年来旋转不息，是古代精巧的天然风向标。

据《浑源州志》记载，宝塔所在的地方原来是一处寺院，即圆觉寺。塔前正南为山门，山门为单檐歇山顶，建筑高大而讲究。塔的正北为正殿，正殿为五进二深，正殿的东西为配殿，正殿和配殿为砖木结构。相传这座宝塔是金代一个名叫玄真的僧人主持筹建的。但塔的第一层南面有明确的题刻，上面记载的时间比金正隆三年早33年。由此看来，此塔实际修建的时间比州志所记载的要早。明成化五年（1469年），浑源知州关宗对砖塔进行了修葺，并在塔身上嵌了一处记录承办人员的石刻。明万历四年（1576年）以及清咸丰九年（1859年）都对小寺塔进行过修葺。虽经800多年的风风雨雨，并且还经历过历史上的几次大地震，但塔体仍完好无损，这不得不说此塔用料考究，建筑合理。

20世纪30年代初的直奉战争，奉军占领了寺院，并赶走了这里的僧侣，官兵们对圆觉寺肆意破坏，使其满目疮痍，狼狈不堪。日军侵占浑源后，除了掠夺大批文物外，还将这里的正殿、配殿全部拆毁，只剩下残墙断

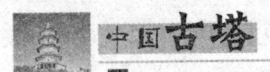

壁内的一座宝塔。但在解放初期时，仍在塔西南的土丘上发现立着一尊头臂皆断的石佛，此佛质地白细，衣纹流畅，在辽金塑像中当属上乘。所存木雕天王像更是刀工娴熟，雕刻精美，为明代佳品。

新绛龙兴塔

龙兴塔位于新绛县城北街顶端的高崖上。踏上热闹非凡的新绛县城的街头时，放眼望去，首先映入眼帘的，便是耸立在巍巍高垣上的龙兴古寺。

据记载，该寺始建于唐。因其中供有碧落天尊像而得其名"碧落观"。唐高宗咸亨元年（670年）把它改为"龙兴寺"。当时，寺院建筑十分雄伟，规模也相当宏大。至唐会昌五年（845年），由于武宗李炎大兴灭法运动，拆寺毁佛之风一时盛行，寺内的建筑被毁之殆尽，唯有龙兴塔得以幸存。宋代时，太祖赵匡胤曾寓居于此，所以改寺为宫。后因僧人占据，才得以恢复龙兴寺之名。

据碑文记载，该塔始建于唐代，塔呈八面十三层，高42.4米，全部用磨光的青砖砌制。塔身各檐下的椽、柱、斗拱，均为仿木结构，做工精细。经过新绛县政府的整修和加固，这座千年古塔得以重焕容光。

龙兴塔

五台山显通寺塔

显通寺塔位于山西省五台县台怀镇北侧显通寺大殿前。显通寺是五台山佛寺的元老，传说筑于东汉，北魏时期有所扩建，寺内现存的建筑群多为明代作品。显通寺塔便于明代修建，原有五座，象征着五个台顶，人们到此朝拜，仿佛登上了五台山。如今只有两座完好无损。

据考证，大殿西边的铜塔是明代四川重庆府的陈挺杰等人在云南捐资，于万历二十四年（1596年）七月初九铸成，取名"多宝如意宝塔"。东边的铜塔是显通寺僧人胜洪等筹资，于万历三十八年（1610年）修建，称之为"南无阿弥陀佛无量宝塔"。这两座塔均高8米，须弥座塔基。塔基上铸有精致的小殿、佛像，塔身内置佛像，外刻经文，中有四大金刚托塔像。西塔下层西南角有如拇指大小的铜庙，内坐小指大小的土地像。相传康熙见其特别小而感叹道："好大的土地！"谁知话音刚落，土地连忙叩头，并感谢皇上的赐封，从此便以"山西大土地自居"了。两座铜塔造型都尤为奇特，融合了楼阁、亭阁、覆钵的三种组合形式，外观亭亭玉立，轮廓玲珑精美，为明代铜铸艺术中的佳品。

1993年显通寺塔被公布为山西省文物保护单位。

显通寺

知识链接

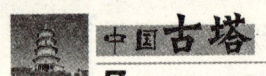

天津蓟县观音寺白塔

观音寺白塔，又名渔阳郡塔，是辽代八角空心塔，坐落于天津蓟县城内西南角，是"渔阳八景"中的景观之一。

观音寺白塔的修建时间现已无法考证，修建后曾多次重修。辽代清宁四年，明代嘉靖、隆庆、万历年间，清代乾隆年间都对此塔进行过重修。1976年，唐山大地震时，观音寺白塔受到严重的破坏，塔刹被震落，塔身也出现了多处震裂。1982年，国家对该塔进行抢救性的维修，发现该塔在此之前曾进行过两次包砖大修。1984年，观音寺白塔维修竣工。

观音寺白塔的塔身为白色，塔高20.6米，砖石结构，平面呈八角形。由须弥座、塔身、覆钵以及相轮等几大部分组成。

须弥座的基部为六层花岗石，石上用砖砌小覆盆和数条覆枭混线作为束腰，腰的四周共有砖雕的24个壶形门，门的两侧则是礼佛图，内镶舞乐伎砖雕，上置双重栏板，雕刻着几何图形和宝相花卉的图案。塔身为重檐八角形亭式，四个正面各有一个砖雕的假门，门上镶嵌着一对飞天的图案，栩栩如生；四个侧面为方座圆首浮雕碑偈，碑额的正中位置雕刻着佛像，碑身上刻有偈语。塔身上又起一个八角形的基座，上有覆钵，呈半球状，双层仰莲承托，肩部用减地平级法雕有八组垂鱼花纹，南面开门，通往上层宝塔。再往上便是巨大的十三天相轮和塔刹。

纵观此白塔，其上部为喇嘛塔式，下部为密檐式，造型非常奇特，在我国古塔的形制中实属罕见，是辽塔中的精品之一。因此，该塔被列入市级文物保护单位。

第四章

华东地区古塔

华东地区包括上海、江苏、浙江、安徽、福建、山东、江西和台湾，包括七省一市。齐鲁大地的山东，繁华昌盛，名塔高耸；江苏号称"人文渊薮"，为人杰地灵之域；浙江，因杭州而名震天下，有西子而妩媚宜人，有"览浙江古塔，到西子湖畔"之说；八闽之地福建，人们常用"三山两塔一条江"来概括福州的形胜……

第一节
山东古塔

齐鲁之邦的山东，繁华昌盛，名塔高耸。这里有历城四门塔，它是中国现存最早的石塔；有济宁铁塔，它号称中国三大铁塔之一；有神通寺龙虎塔，它是形式别致的大型亭阁式塔；有九塔寺九顶塔，正所谓"一塔之顶、九塔簇拥、构思奇巧"，便是它的专称……

济宁铁塔

济宁铁塔，又有"崇觉寺铁塔"之称，位于山东省济宁市崇觉寺内。铁塔建于北宋崇宁四年（1105年），起初是七层，明万历九年（1581年）重修，并增筑两层，塔身下部为砖砌八角形基座，通高23.8米，铁塔本身的高度仅有10余米。该塔为我国现存宋代铁塔中最高的一座。基座南面开门，室内砌八角形藻井顶，上面还有宋代千手佛石像和清光绪七年（1881年）的塔铭。塔身呈八角形，每层都设有塔檐和平座、构栏。平座、塔檐都是由斗拱承托，每层四面皆开长方形门，全塔共开门36扇；另四面设佛龛，共铸56尊盘膝端坐佛像，形象逼真、生动。在第一、二层塔身有"大宋崇宁乙酉（1105年）常氏还夫徐永安愿"、"皇帝万岁"和"众臣千秋"等题记。如今只有塔顶层八角尚存风铎，其余各层均已散失。

明代增建时，发现瓷函、木匣内原本应当放置舍利，但是却以水晶、珍珠等代替。1973年维修时，又在塔座上一层塔身下发现套合石棺、木匣银棺，内有身骨舍利。此塔为舍利塔，是我国三大铁塔（另外两座为湖北省当阳玉泉寺铁塔、山东聊城铁塔)之一。为全国重点文物保护单位。

长清灵岩寺塔

灵岩寺塔位于山东省长清县万德镇，建于唐贞观年间，由名僧慧崇等初建，到北宋嘉祐六年（1061年）扩大建置范围。寺内的主要大殿为千佛殿，殿前有八根大石柱，上施庑殿顶，雕刻十分精美，为宋代建造。千佛殿右侧偏北有一座塔，即灵岩寺塔，平面八角形，高九层，通高52.4米，墙围为48米，各层均出单檐，下部三层，各做平座，显示出楼阁的样式。

此塔从外轮廓看没有曲线，从上到下都是直线。因此，它表现的艺术性还不够，平直的外观有些呆板，为宋代所建。

灵岩寺塔

历城四门塔

四门塔，坐落在山东历城县柳埠村青龙山麓的原神通寺旧址上，是亭阁式塔中最具有典型意义的塔，建于隋大业七年（611年）。

塔平面呈方形，由于其四面各辟一门，故称之为"四门"。石塔全部由大块平直方整、无任何装饰的条石筑成，给人以坚固、朴实之感。塔身每面辟一拱券门。塔檐处理简洁，只用了五层条石向外叠涩伸出，然后再用近三十层的条石，逐层向内收缩，形成了一个四角攒尖形塔顶。塔顶表面弧线曲折有度，升降有序。全塔上下没有多余的装饰，质朴简洁。塔室中央立一巨大的方形塔心石柱，柱身四壁各有石佛造像一尊，佛皆螺发高髻，结跏趺坐，面如沉水，衣纹流畅。四尊佛像不是同一时期的作品，也不是原塔中的造像。从四门塔的整体形象来看，塔身是一个匀称稳定的正方体。塔檐的大小、塔顶的坡度以及塔刹的形状，与方形的塔体之间比例协调，轮廓线条笔直坚挺，苍劲有力。

四门塔尽管采用了小巧玲珑的亭阁建筑形式，但经过古代工匠的精心设计，仍然显示了佛塔的端庄和尊严，令人肃然起敬。

四门塔

知识链接

江西九江锁江楼塔

九江曾有"浔城"、"江洲"、"浔阳"之称，看地名就知道与水有很大的联系，据说九江是九条水流汇集之地。水滋润大地，养育万物，因而九江山清水秀，风光无限，古人称之为"天下眉目"。然而水患也时时困扰着九江，成为令历代官府头疼的大事。

明万历十四年（1586年），时任九江知府的吴秀为解决九江水患，同时也为了祈求文风昌盛，便兴建了锁江楼塔。锁江楼塔是九江的风水宝塔，也有"文峰塔"、"回龙塔"之称，但所知者不多。在当时，建塔的消息一经传出，老百姓便踊跃捐款，其中钦差员外郎柯有裴、乡宦蔡延臣捐款数额最大。传说，知府吴秀站在城东北锁江楼旁的回龙矶上告诉同僚，建塔

还尚缺许多圆木，如果神灵相助就好了。不料几天后，真有200多根圆木顺江漂来，解决了燃眉之急。当年秋天，塔便顺利落成，人们奔走相告，欢天喜地。

锁江楼塔为楼阁式砖石空筒仿木结构，高25.6米。塔体六面七级，六角尖顶。塔内有木楼梯盘旋而上，登上塔顶后可眺望长江。

锁江楼塔作为九江的风水宝塔，已巍然屹立了400多年，饱经战争的摧残和风雨的侵蚀。据载，明万历三十六年（1608年），九江发生了地震，锁江楼和江岸一侧的四尊铁牛中的两尊坠入江中，而锁江楼塔却完好无损。清乾隆十三年（1748年），当时的官府重建了锁江楼，并增建了看鱼轩。咸丰年间，太平军与清军在九江争战，锁江楼又毁于战火，剩下的两尊铁牛也不知去向，只有锁江楼塔又一次幸存。

中华人民共和国成立后，当地人民政府多次拨款维修锁江楼塔，对濒临崩塌的回龙矶岸也进行了护坡加固，古老的锁江楼塔又重新焕发出生机和活力。1987年，该塔被列为江西省重点文物保护单位。

第二节 福建古塔

人们常用"三山两塔一条江"来概括福州的形胜，这说明塔建筑在福州景观中的地位；此外，福建还有中国现存最高的石塔——泉州开元寺双石塔，以及造型奇特、独秀一方的泉州开元寺球形塔；还有百年传说动人心的晋江姑嫂塔……

福州涌泉寺千佛陶塔

千佛陶塔位于福建省福州市东郊鼓山涌泉寺山门前。原本在龙瑞寺内，因其寺庙被毁，便于1972年迁移到现在的地址。分为东西两塔，东塔为庄严劫千佛宝塔，西塔为普贤劫千佛宝塔，双塔分峙左右。塔是在北宋元丰五年（1082年）用上好的陶土烧制的，平面呈八角形，九层，各高6.83米，底座直径为1.2米，均为仿木结构出阁式。塔身逐层收缩，造型轻巧玲珑。塔身、门窗、柱子、塔檐、斗拱、飞椽、瓦陇等各种构件，都是用陶土分层烧造，然后拼合垒叠而成的。这样不仅便于修建，而且便于搬迁和装配。此塔装饰非常富丽，各层塔身上共

涌泉寺千佛陶塔

有1078尊贴塑佛像，塔基座上塑有力负千钧的金刚力士，还塑有奔跑追逐的狮子以及各种花卉图案。各层塔檐檐角上皆有镇檐佛，转角处的檐下，均悬有风铎，清风徐来，叮当作响，悦耳动听。塔刹为三重葫芦式，上冠以宝珠。塔座上除刻有烧制的年代和塔名之外，还刻有实施者和烧制工匠的姓名。

此塔表面涂有紫铜色彩釉，光泽明亮，是研究中国陶瓷工艺发展的重要实物，而且体重如此巨大、烧制又如此精美的大型陶土宝塔，为建塔史上所罕见。

泉州开元寺双石塔

开元寺双石塔位于福建省泉州市开元寺内，南向，塔在大殿前分列东西，西塔名仁寿塔，南宋嘉熙元年（1237年）兴建；东塔名镇国塔，南宋淳祐十

年（1250年）兴建。双塔相距约200米，对峙在大殿前，与大殿鼎足而立，是城市的重要景观。

双塔全部用石材建造，仿木结构楼阁式，皆八角五层，除高度和斗拱略有不同外，形式几乎完全相同。西塔高44.06米，东塔高48.24米。基台是扁平而宽的须弥座，上多雕饰，平面八角，四正面砌台阶，座周护以简洁石栏。各层塔身之间有腰檐，但无平座，每面1间，在转角处砌角柱，柱间刻阑额、斗拱支承腰檐。4个相向面开门，另四面设佛龛，各层门、龛位置上下交错，门、龛侧均有立柱和横枋，并在壁面浮雕佛教造像。腰檐也用石材雕出角梁、筒瓦、板瓦的屋面，檐角起翘明显。上层壁面较下层退进，在腰檐脊上砌石栏，形成外走道。塔刹金属制，重叠相轮，颇细瘦，均占全塔总高1/4，刹顶有铁链八条垂向屋顶八角。内部围绕中心的八角实心石柱为回廊，回廊条石地面由下层外壁和石柱叠涩支承，架木梯上下。

两塔精确地模仿木构构件，却忽视了石建筑应有的权衡，比例也推敲不精。如腰檐短窄，仰视不易见到屋面；檐子细弱而承以硕大斗拱；塔刹过瘦且与塔顶没有稳定的过渡等。但两塔在城市景观上有重要作用，施工精细，并附有许多精美浮雕，仍有一定的艺术价值。

开元寺双石塔

石狮姑嫂塔

姑嫂塔，又有"万寿塔"、"关锁塔"之名，位于福建省石狮市东南5千米处的宝盖山上。始建于南宋绍兴八年（1138年），后遭雷击，乾隆四十年（1775年）按原样重修。明代何乔远的《闽书》载："昔有姑嫂为商人妇，商贩海，久不至，姑嫂垒石而望之，若望夫石然。塔中刻二女像……"其意是古有姑嫂二人，热切盼望着漂洋过海的亲人，终日垒石登高远眺，伤心而亡，

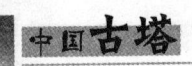

时人哀而筑塔祀之，故名"姑嫂塔"。

姑嫂塔面积达325平方米，高21.65米，八角五层，为仿楼阁式花岗石空心石塔。第一层西北面开一拱形石门，二层至五层各有两个门洞，转角倚柱作梅花形，顶置弯形斗拱。塔身从下往上逐层缩小，每层叠涩出檐。外有回廊围栏环护四周，内有石阶可绕登塔顶。二层门额上刻有四个大字"万寿宝塔"，顶层外壁建有方形石龛，龛内并列刻有两尊女像。

姑嫂塔

宝盖山面向台湾海峡，孤峰兀立，拔地而起。山巅上姑嫂塔独立凌空，巍峨挺拔。登临远眺，泉南形胜，海天风物，尽收眼底。姑嫂塔成为泉州港船舶出入的航标、闽南侨乡的标志。姑嫂塔为省级文物保护单位。

知识链接

上海龙华塔

龙华塔位于上海市徐汇区龙华镇的龙华寺前。该塔相传始建于三国吴赤乌十年（247年），是孙权为孝敬他的母亲而修建的，故又有"报恩塔"之称。原塔已毁，现存龙华塔是北宋太平兴国二年（977年）由吴越王钱弘俶重新修建的。

龙华塔通体砖木结构，七级八面，高40.64米。塔内为方室楼阁式，有木制楼梯。塔外每层均有平座、构栏，飞檐高翘，角挂风铃。塔檐和平座之下，均有斗拱层层挑托，充分显现出木构楼阁建筑的玲珑秀丽。现存塔身和塔基仍为宋代原物。塔檐和平座栏杆虽经历代多次维修过，但仍保持了宋代建筑的风格。

仙游无尘塔

无尘塔位于福建省仙游县城西北约50千米处的九座山太平院西侧。唐咸通六年（865）由正觉禅师创建，为历代僧人圆寂静化之处。原有木制横额，其上"无尘"二字是北宋崇宁年间（1102—1106年）敕书，现已不存。无尘塔是福建现存年代最久的石塔之一。

无尘塔为八角三层空心石构建筑，高14.22米，直径为6.45米。塔基为莲花舒瓣和波浪式雕刻，八根塔柱均为瓜棱式造型。塔的各层均有塔檐突出，拱形斗拱支柱，下为叠涩，上绕栏杆。底层设南北开门，东西设窗，下部八面有奔龙舞狮等浮雕图案。护门将军不放在底层门的左右两旁，而镶在底层东南、西南两个方向的石壁上。二、三两层四面开门，从底层至塔顶有螺旋式石级供攀登。塔尖为莲花葫芦顶。塔的建筑风格和结构有明显的唐代遗风。塔东太平院大雄宝殿前，有两座建于晚唐的婆罗门六角实心石塔，高6米，八面刻佛像，造型雅观。塔南百山麓还保存有一座唐代和尚石墓，形似铜钟，结构别致，也是研究唐代石构建筑的宝贵文物。

无尘塔

长乐三峰塔

三峰塔位于福建省长乐市的南山山顶，原名"圣寿宝塔"，是中国名塔之一。600多年前郑和七下西洋时，曾登上塔顶瞭望太平港。得知此塔原来是为宋徽宗祝寿而建，心中大为不满，遂改名为"三峰塔"。

据塔顶石刻记载，宋绍圣丙子三年（1096年）始建三峰塔。塔身为石构，八角七层，仿楼阁式建筑，高27.4米，塔壁刻有精美浮雕，以牡丹、狮等图案为主。底层塔壁有文殊、普贤、五十罗汉、十六飞天乐伎以及佛教故事等浮雕。一层至六层有25面塔壁浮雕莲花座佛，分列2排，每排4尊，共200尊。八棱各刻一尊护法天王，并手执器械屹立在旁，每层叠石出檐，以龙头唎嘴式斗拱装饰檐角。塔内错落有致的石阶盘旋而上，与顶层的四门相通。塔的结构稳固匀称，虽经多次地震，仍矗立不倒。三峰塔是研究宋代建筑和石雕艺术的珍贵实物，被列入《中国名塔》。

三峰塔

福清瑞云塔

在福清市龙江北岸有一座号称"南天玉柱"的瑞云塔。该塔始建于明万历三十四年（1606年），于万历四十三年（1615年）竣工，历时10年。当时由叶向高之子叶成学与知县凌汉聊募捐雇工，名匠李邦达负责设计施工。传说奠基之日，五色云自太保山来覆其上，烂漫辉映，故塔建成后命名为"瑞云塔"。

瑞云塔是由雕琢精致的花岗石砌建而成，塔高34.6米，七层八角，外形为仿木结构楼阁式，底基为单层八角须弥座，周长24米。第一层北面开门，塔门额竖匾上镌刻有四个遒劲有力的大字"凌霄玉柱"，其余七面设佛龛。第二层至第七层两面开门，六面设佛龛。塔内为八角空心室，各层转角倚柱呈海棠状，并有曲尺形登临石阶，供游人拾级而上。柱顶斗拱二层，叠涩出层

檐，檐面浮雕瓦陇，顶为葫芦塔刹。塔身内外每层皆有浮雕，如武士、比丘、罗汉、菩萨、力士、佛像等以及一些佛教故事图案。还刻有 400 多幅飞禽走兽类浮雕，如花卉、龙、狮子、鹿、凤凰、奔马、兔、猴、鹤等，大小也不尽相同，大的高达 1.5 米，小的只有 20 厘米，这些浮雕千姿百态，形象逼真，栩栩如生，具有较高的艺术价值。每层进出口处左右有两尊精雕细凿的守门神，如今只有 12 尊尚存，其中，最为高大的要数塔的第一层入口处的两尊守门神，其像披坚执锐，奋髯怒目，威武雄壮。更为别致的是，每层八角檐端各有一尊镇塔将军坐镇，共 48 尊，它们的大小、模样、神情极其相似，神态也显端庄肃穆，更增添了几分神秘气息。

瑞云塔

瑞云塔拔地而起，成为一道亮丽的风景，更成为福清的乡关标志，引无数文人骚客吟诗作文。瑞云塔具有重要的文物价值，1965 年被福建省人民政府公布为第一批文物保护单位。

福州罗星塔

闽江下游三水汇合处的马尾港，有罗星山，旧时位于江心。山顶屹立一塔，砥柱海天。这便是驰名中外的罗星塔。

罗星塔为宋代柳七娘所建。相传七娘系岭南人，因姿容俏丽被乡间豪绅看中，设下圈套，嫁祸给她的丈夫，将她的丈夫送去当了苦役。七娘随夫入闽，不久，其夫被折磨致死。她变卖家产，在此建造一座石塔，为亡夫祈福。由于塔下身突立水中，回澜砥柱，水势旋涡，好似"磨心"，所以也称"磨心塔"。明万历年间，罗星塔被海风吹倒。明代叶向高有"冶城东望海天遥，谁遣中流二柱标"的诗句，感慨古塔的消失。天启年间，著名学者徐㶿等人提议复建。重建的石塔为七层八角，高31.5米，塔座直径为8.6米，每层均建拱门，可拾级而上；外有石砌栏杆和泄水塘。檐角上镇有八佛，角下悬铃铎，海风吹来，叮当作响，"舵楼风细听铃雨，月近家园渐觉圆"。清光绪十年（1884年），中法马江海战就在塔下开火，石塔损坏多处。战后，人们在塔顶安装一颗铁球，以代替被炮火所毁的塔刹。1964年重修，因栏板和塔檐剥落，只好改用铁管栏杆。但建筑的艺术风貌仍为原样。

罗星塔与马限山麓下的马礁，隔水相望。这段江面的潮水，变化万千，尤其是八月大潮时日，"孤舟出海门，豁然乾坤白。浪花三千尺，石马不可见"。罗星塔形势险要。1559年，戚继光部下参将尹风把守马尾，痛击倭寇，到1656年郑成功北上抗清，在罗星塔筑堡训练水师，再到1884年中法马江海战，800余名水师官兵殉难的壮烈悲剧，都是历史的见证。

罗星塔山现已开辟成公园。西侧有溯江楼，南麓有望江亭。园中还有忠魂台、鸣潮阁、友谊轩等。穿过公园入口处的牌楼，园内四时花木繁茂，风景宜人。几株参天古榕紧紧相挨，郁郁葱葱，像一座绿色的城墙，环抱着巍巍古塔。从塔内拾阶而上，旋至塔顶，顿觉视野开阔，令人心旷神怡。纵目四望，远观闽江两岸的风光，近看港区建设新貌，一幅幅色泽鲜明的图画，水天一色，山秀物新，尽收眼底。

罗星塔是国际公认的航标，是闽江门户的标志，有"中国塔"之誉。塔下是罗星公园，公园旁有国际海员俱乐部。登临塔顶，港口码

罗星塔

头、开发区尽在眼底。江岸两旁还有古炮台，可以看到当年烟火弥漫的中法战役的古战场，还可以到昭忠祠凭吊为国捐躯的先烈。

知识链接

安徽九华山月身宝塔

九华山月身宝殿实际上是肉身殿，是一座殿塔，也可叫作"塔殿"。在大明万历年间赐名"护国肉身宝塔"。殿平面五大间、进深五大间，构成方形佛殿。大殿采用方形石柱，石柱上施斗拱，四面有石做的栏杆。上覆重檐歇山式顶。各殿角向上挑出，构成转角檐角反宇向上，殿尖冲天，这是南方古建筑的一大特点。殿顶坡度向上翘起，上下枋之间的距离有1.5米。在上檐有开花格窗，如同两层。因为殿内有木塔，殿内空间特别高，所以从外观上看，这个殿也如同两层的式样。下层门楣横匾书"东南第一山"，上檐匾额书"护国月身宝塔"，华带碑书"月身宝殿"四个大字。

殿内肉身宝塔，平面八角，高七层，达14米，全部用木制，是一座木塔。塔顶与藻井贴近，施用三角形图案。木塔涂饰红色，转角涂饰金色。各层塔檐做木叠涩。塔内每层有八个佛龛，供奉地藏菩萨金色坐像，十分华丽。

第三节
浙江古塔

浙江，因杭州而名震天下，有西子而妩媚宜人。览浙江古塔，到西子湖畔。这里有肩宽体胖、威镇钱塘的六和塔，有纤秀丽洁、一尘不染的白塔，有颓然醉叟如老衲垂拱的雷峰塔，有窈窈淑女似美人远眺的保俶塔……

杭州雷峰塔

雷峰塔建成于宋太宗太平兴国二年（977年），为八角七层楼阁式塔，位于杭州西湖南岸南屏山日慧峰下的净慈寺前。雷峰为南屏山向北伸展的余脉，濒湖勃然隆起，林木葱郁。雷峰塔相传为吴越王为庆黄妃得子而建，故初名"黄妃塔"。但民间因塔在雷峰，均称之为"雷峰塔"。塔原共七层，重檐飞栋，窗户洞达，十分壮观。到宋徽宗时由于兵火之乱，塔刹、塔顶、回廊、塔檐已全部被烧毁，在南宋乾道七年（1171年），僧人智有进行重建，将此塔改为八角五层。到1924年，雷峰塔又倒塌了。

从雷峰塔的旧基中观察，此塔为八角形五层，在一层之上二层之下，建设平座，外檐围廊，也就是说带有副阶，有梁洞插竿洞眼、深槽，这是当年安设木枋用的。塔檐已掉下。二层、三层、四层、五层，这四层木檐已掉，每层门上下相对，斗拱以及檐子构造全都看不清楚。第一层做的是圭角形门洞口，还可以看出。现塔为公元2003年重建，但其式样已经改变。

雷峰塔一度是西湖的标志性景点。旧时雷峰塔与北山的保俶塔一南一北，隔湖相望，呈现出"一湖映双塔，南北相对峙"的美景。每当夕阳西下，塔

雷峰塔

影横空，别有一番情趣，故被称为"雷峰夕照"。明嘉靖年间，该塔外部楼廊被倭寇焚毁，塔基古砖被窃，导致雷峰塔于1924年9月25日倾塌。清人许承祖曾作诗云："黄妃古塔势穹窿，苍翠藤萝兀倚空。奇景那知缘劫火，孤峰斜映夕阳红。"雷峰塔倒塌之后，不仅"雷峰夕照"之景有名无实，就连南山的山名也改成了夕照山。

杭州保俶塔

保俶塔，又名"宝石塔"，耸立于杭州西湖北侧宝石山之巅，是杭州有名的古塔之一，也是西湖风景的一大标志。

塔建于北宋初年，相传吴越王钱弘俶应宋帝赵匡胤之召赴京，迟迟未归，大臣吴延爽为了祷告上天保佑其主能平安返回而建，故取名为"保俶塔"。

初建时塔身为九级砖木结构，可登临眺望，后毁。宋成平元年（998年）重建时，即改为七级砖砌实心塔，可惜千百年间屡建屡毁，现存保俶塔是1933年按原样重建的。塔身仍用砖砌筑，塔高45.3米，塔身线条平缓柔和，塔基极小，在建筑处理上成功地应用了比例和尺度的关系，从而构成了保俶塔挺拔、秀丽、高耸的特点，这种别具一格的古塔是我国现存同类古塔中的佼佼者。

杭州保俶塔

天台国清寺隋塔

隋塔位于浙江天台县城，是国清寺的标志之一。

国清寺隋塔坐落在天台山麓，规模宏大的国清寺被认为是天台宗的祖寺，而天台山的胜地，也主要集中在国清寺附近，故称"国清风景区"。这座隋塔造型别致，塔顶上没有塔头，因此，从塔内仰望就能看见蓝天。隋塔为浙江省重点保护文物。近几年，人们加固了隋塔塔基，并在塔周新铺了台阶，还栽植了很多鲜花松柏，风景更加宜人。

国清寺隋塔

隋塔是一座九级浮屠塔，级间衔接处，用黄砖砌成双线图案，六面六角，荷形塔窗。全身为褐黄色，高59.3米，十分伟岸、挺拔。空心、砖壁，壁上的佛像栩栩如生，极为精美。它始建于隋开皇十八年（598），与国清寺一样古老。

隋塔下有一排七佛塔。七

佛塔后的山坡上矗立着一座"唐一行禅师塔"，这是为了纪念唐代天文学家一行僧到国清寺拜师学习编制《大衍历》而修建的。

山门外的溪流上，有一条用乱石铺嵌而成的古拱桥，桥洞呈椭圆状，名叫"丰干桥"。桥下是"双涧回澜"的胜景。每逢夏秋大雨，桥下溪水满盈。东涧水色黄浊而湍急，西涧水色清澈而平缓，两涧之水在桥下汇合激荡，漩涡叠现，形成回澜之势，十分壮观。当年一行僧来时，见此奇观，留下了"一行到此水西流"的佳话。

国清寺为天下丛林"四绝"之一。整个建筑形成五条轴线：正中轴线为山门、弥勒殿（门神殿）、钟鼓楼、雨花殿（四天王殿）、大雄宝殿、观音殿；西一轴线为安养堂、三圣殿、妙法堂（楼上为藏经阁）；西二轴线为伽蓝殿、罗汉堂、文物室（楼上为玉佛阁）；东一轴线为聚贤堂（僧众餐厅）、方丈楼、迎塔楼；东二轴线为知客堂、大彻堂和修竹轩。廊檐形式集我国古代建筑之大成，有挑檐廊、连檐廊、重檐廊、双层柱廊、双檐双层廊、单层柱廊等，廊檐互应；禅门重重，忽高忽低，忽明忽暗，忽宽忽窄，忽直忽曲，富有中国古典园林的特色。

知识链接

隋塔缺头的传说

关于隋塔头部的缺失，流传着这样一个传说：国清寺建成以后，里面供奉着五百罗汉。五百罗汉想连夜为国清寺修建一座宝塔，以增添名刹庄严。正当五百罗汉马不停蹄地搬砖运石修砌时，南海观音正好路过天台。观音见石桥山中两峰对峙，飞瀑高悬，十分壮观，也有心为天台山增添一点魅力，便决定在两峰间架一座石桥。观音见国清寺外砖块堆积如山，就向五百罗汉借砖，罗汉们不肯。观音向罗汉们借锅煮饭，罗汉们又故意将铁锅敲了一个洞。观音见此，微微一笑，施展法术，就在破锅中烧出了香喷喷的米饭。五百罗汉见状，大吃一惊，把铁锅搬来一看，原来锅上的破洞，只漏砂不漏米，从此这口锅就叫"漏砂锅"。后人还在存放这口大铁锅的房间门口写了一副对联："古寺犹有寒灶石，云橱尚存漏砂锅。"

五百罗汉造好塔头，暂时搁在金地岭，准备待宝塔落成时再搬来安装。观音有意为难他们，便用法力将它牢牢定住。尽管五百罗汉想尽办法，用尽各种办法，直到金鸡报晓，天色放明，也未能将塔头搬下山来。就这样，建成后的隋塔缺了个塔头，而金地岭上多了个塔头寺，塔头至今还在那里。

杭州六和塔

六和塔位于杭州钱塘江畔月轮山上，始建于北宋开宝三年（970年），宣和五年，塔被烧毁。南宋绍兴二十四年重建，清光绪二十五年重修塔外木结构部分。1961年被国务院定为全国重点文物保护单位。

六和塔的名字来源于佛教的"六和敬"，当时建造的目的是用以镇压钱塘江的江潮。塔高59.89米，其建造风格非常独特，塔内部砖石结构分七层，外部木结构为八面十三层。清乾隆帝曾为六和塔每层题字，分别为：初地坚固、二谛俱融、三明净域、四天宝纲、五云覆盖、六鳌负载、七宝庄严。

六和塔外形雍容大度，气宇不凡，曾有人评价杭州的三座名塔：六和塔如将军，保俶塔如美人，雷峰塔如老衲。从六和塔内向江面眺望，可看到壮观的钱塘江大桥和宽阔

杭州六和塔

的江面。

20世纪90年代在六和塔近旁新建"中华古塔博览苑",由中国各地著名的塔缩微雕刻而成,集中展示了中国古代建筑文化的成就。

第四节 江苏古塔

江苏,号称"人文渊薮",为人杰地灵之域。山清水秀伴塔影,妙趣横生悦人心。这里有中国现存最完整的早期过街塔——镇江云台山塔,有因《白蛇传》而千秋咏叹的金山慈寿塔,有借水城苏州而蜚声中外的虎丘塔、瑞光塔、罗汉院双塔,有被列为中古世界奇迹之一的南京大报恩寺琉璃塔遗址……

南京大报恩寺塔

大报恩寺塔又称北寺塔,位于江苏省苏州市内北部偏西报恩寺中。报恩寺俗称北寺,始建于三国吴赤乌年间(238—251年),相传是孙权母亲吴太夫人舍宅而建,古称通玄寺。唐开元年间(713—741年)改为开元寺。五代北周显德年间(954—959年)重建,易名为

大报恩寺塔

报恩寺。

大报恩寺塔建于明永乐十年（1412年），是明成祖朱棣为纪念生母碽妃，历时近20年而建造的。大报恩寺塔曾有"中国之大古董，永乐之大窑器"之称，由白瓷砖和五色琉璃瓦组成其外观。大报恩寺塔极其雄伟壮观，永乐皇帝封它为"第一塔"，欧洲人称之为"世界奇观"。

大报恩寺塔这一中国历史上举世无双的琉璃宝塔在金陵城外雄峙了400多年，直到1856年因太平天国战火而被毁，只剩下一塔顶盘和若干琉璃瓦构件。如今要想一睹当年报恩寺塔的风华，只有据明代诗人的作品中去遥想。如黄之隽的《登报恩寺塔绝顶》写登临大报恩寺塔所见，该塔高100余米，比现在南京的大多数高层建筑还要高，诗中所写"到眼无埃缢，苍茫入素秋。万家斜照外，千古大江流"的情景和当代南京人登上金鹰、商茂看到的景象一致。现塔高九层，约76米，占地1.3亩。该塔号称"吴中第一古刹"。1957年被列为江苏省文物保护单位。

苏州虎丘塔

世界闻名的虎丘塔在苏州西北七公里处，高高耸立于景色幽雅的虎丘山巅，是苏州现存的最古老的一座塔，由于风格与同一时期建的杭州雷峰塔相似，被誉为江南二古塔，还被喻为中国比萨塔。

虎丘塔是云岩寺的塔，称云岩寺塔。该塔始建于五代周显德六年（959年），建成于北宋建隆二年（961年）。据记载，隋文帝就曾在此建塔，但那是座木塔，现虎丘塔即在木塔原址上建筑的。塔高七层，塔身平面呈八角形，是一座砖身木檐仿楼阁形宝塔。由于从宋代到清末曾遭到多次火灾，因而顶部和木檐都遭到了毁

苏州虎丘塔

坏，原来的高度已无法知道。据有关专家调查，虎丘塔在明崇祯十一年（1638年）改建第七层时，发现明显倾斜。当时曾将此位置略向相反方向校正，以改变重心，纠正倾斜，也曾起过一定的作用。但近300多年来塔身倾斜还在继续发展中，可能是由于地基出现不均匀沉降的原因所引起的。现在看到的虎丘塔已是座斜塔，据初步测量，塔顶部中心点距塔中心垂直线已达2.34米，斜度为2.48度。

杭州雷峰塔已经倒塌，建于公元961年的虎丘塔还依然矗立着，已有1000多年历史。今天，这座耸立于虎丘山巅的千年古塔，已成为古城苏州的标志，被誉为"吴中第一名胜"。

知识链接

安徽无为黄金塔

黄金塔坐落在无为县城东北5千米的凤凰山上，为一座仿木楼阁式砖塔，平面呈六边形，面阔3.4米，塔高35米，共九层，层层仿木斗拱，鸳鸯交手，结构牢固。黄金塔为阿拉伯风格的堡垒型建筑。因四周涂有一层金粉而得名。之所以叫"黄金塔"，还有一个原因就是这里曾作为贮存黄金的金库。据传，当年哥伦布发现美洲大陆后，西班牙殖民帝国从拉美掠夺了大量黄金、白银，从海上运回来后先暂存在这座塔内，然后再从陆路运往马德里上缴王室。

根据文献记载和古建筑学家们的勘察鉴定，黄金塔建于宋咸平元年（998年），为安徽省现存年代最早的古塔建筑。北宋早期，无为县境内佛教兴盛，僧侣众多，于是在汰水边（现西河）辟地建寺，称"南汰寺"，后又在寺中建塔，即黄金塔，形成规模宏大的佛教建筑群，但由于时代变迁，战争毁坏，南汰寺与黄金塔也历经动乱，从兴到衰，最后只剩下一座

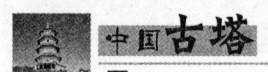

古塔。据文献记载，明、清以来，曾先后于洪武、隆庆、万历、康熙、乾隆年间进行修缮，才使得古塔安然无恙，清末至建国以后，由于年久失修，塔体下层砖石剥落，塔顶损毁开裂，草木丛生。"文革"期间，幸好得到当地群众的保护，才免遭劫难。1981年，省政府公布黄金塔为省级重点文物保护单位，并拨巨款对该塔进行全面的测绘、整修，现今的黄金塔已焕然一新，成为一处重要的文物古迹和旅游景观。

第五章

华中地区古塔

华中地区包括河南省、湖北省、湖南省。地处华北、华东、西北、西南与华南之间，具有全国东西、南北四境过渡的要冲和水陆交通枢纽的优势，起着承东启西、沟通南北的重要作用。中州河南，中华古文明的摇篮，七大古都它拥有其三，所以古塔自然不在少数。

第一节
河南古塔

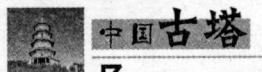

中州河南，中华古文明的摇篮，七大古都它拥有其三。这里有中国现存最早的古塔——登封嵩岳寺塔，有中国最大的群塔——少林寺塔林，有中国现存最早最大的琉璃塔——开封繁塔，有中国历史上声名最为显赫的洛阳永宁寺塔的遗址……

登封嵩岳寺塔

嵩岳寺塔位于河南省登封县城西北6千米处太室山南麓的嵩岳寺内。嵩岳寺原名"闲居寺"，早先是北魏皇室的一座离宫，后改建为佛寺。此寺的建造年代在北魏永平元年至正光元年间（508—520年），至少已有1450多年的历史。

嵩岳寺塔为单层密檐式砖塔，是此类砖塔的鼻祖。呈十二边形，也是全国古塔中的一个孤例。砖塔的构成分为四部分：基台、塔身、密檐和塔刹，高约40米。

基台随塔身砌为十二边形，台高0.85米，宽1.6米。塔前砌长方形月台，塔后砌甬道，与基台同高。

基台以上为塔身，塔身中部砌一周腰檐，使其分为上下两段。下段为素壁，各边长2.81米，四向有门。上段是全塔装饰中所占比例最多的，也是最重要的部位。东、西、南、北四面与腰檐以下通为券门，门额做双伏双券尖拱形，拱尖饰三个莲瓣，券角饰有对称的外券旋纹；拱尖左右的壁面上各嵌入石铭一方。十二转角处，各砌出半隐半露的倚柱，外露部分呈六角形。柱头以火焰宝珠和覆莲装饰，柱下砌出平台及覆盆式柱础。除壁门的四面外，其余八面倚柱之间各造佛龛一个。呈单层方塔状，略突出于塔壁之外。龛身正面上部嵌石一块。龛有券门，龛室内平面呈长方形。龛内外皆有彩画痕迹。龛下部有基座，正面两个并列的壸门内各雕有一蹲狮，全塔共雕有16个狮子，姿态不一，有立有卧，正侧各异，身姿雄健。

塔身之上是十五层叠涩檐，每两檐间相距很近，故称"密檐"。檐间砌矮壁，其上砌出拱形门与棂窗，除了几个小门是真的之外，绝大多数是雕饰的假门和假窗。

嵩岳寺塔

密檐之上，即为塔刹，自上向下由宝珠、七重和轮、宝装莲花式覆钵等组成，高约3.5米。全塔外壁皆涂以白灰。塔室内中空，可凭借四面券门进入。塔室上层以叠涩内檐分为十层，最下一层内壁仍为十二边形，二层以上，则通改为八角形。这种富于创造与变化的做法，表现出我国人民高度的建筑才能。

嵩岳寺塔是我国现存最早的一座多边形砖塔，它屹立在太室山之阳，以绿树红墙相衬，巍峨雄伟，十分壮丽。

开封铁塔

在我国河南省开封市内东北角，有一座俊秀挺拔的高塔，它就是驰名中外的佑国寺铁塔。其实，铁塔并非是铁铸的，而是因为塔身镶嵌的琉璃砖为

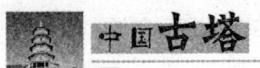

中国古塔
ZHONG GUO GU TA

开封铁塔

深褐色，酷似铁色而俗称"铁塔"。铁塔创建于北宋皇佑元年（1049年），初名"灵盛塔"，又名"上方寺塔"。明代重修寺院后，始名"佑国寺塔"。

铁塔的前身，是佑国寺院内的一座八角十三层木塔。据传为宋初巨匠喻皓所建。他曾通过模型来推敲这项设计，并请当时著名建筑家郭忠恕参与意见。可惜这座从设计到建成历时8年的汴城高塔，在它建成55年后，毁于雷火。5年后，又由皇帝下诏重建，改木塔为琉璃塔。这就是人们今天所见到的铁塔。它的平面形式、层数与木塔完全一样。铁塔现高54.66米，比文献中记载的木塔高度要矮去1/2还多。

铁塔的外观完全是仿木构塔的形式。它的各种不同尺寸的柱、椽、额枋和不同组合的斗拱、平座，只用了28种砖型。这不能不说是我国古代预制装配式建筑技术高度成就的体现。琉璃砖上的花饰图案，也有着极高的艺术价值。有人统计全塔上下不同形式的图案有50种之多，其中有飞天、狮子和花卉等。

开封铁塔，无论在技术还是艺术上，都不愧为我国古代高层砖石建筑的光辉杰作。

第五章 华中地区古塔

知识链接

开封铁塔的传说

传说铁塔下原为大海眼，每年夏季则出水汹涌，方圆数十里顿成汪洋，百姓决定建塔镇住海眼。有个木匠老头分工劈柴，他把十三个树根堆起来，雕成一座八角十三层的小木塔后，悄然离去。这时大家才知道他是鲁班祖师，便照木塔的样子开始造铁塔。塔太高了，造了一半，架子搭不上去了。这时，又发现鲁班留下的小木塔的第一层是被土围起来的，大受启发，认为是鲁班在暗示大家用土围墙，于是他们便一层一层往上修塔，随即竣工。

洛阳白马寺齐云塔

齐云塔，又有"释迦舍利塔"之称，为中国第一古塔。创建于东汉永平十二年（69年）。据《释源大白马寺齐云塔灵异记》记载，公元六十九年二月初八，汉明帝刘庄驾临白马寺，会见腾、兰两位印度高僧。当时摄摩腾问："寺之东南是何馆室？"帝曰："很早以前，那里忽然涌起一个土埠，高丈余，人们把它铲平，接而复出。其上时放光明，百姓皆以为奇，故称'圣冢'，自周代以来，经常祭祀，祈求灵验，然情由未知。"摄摩腾道："《金藏》有云：'如来灭度百年之后，有阿恕伽王，安放佛舍利于天下，共有八万四千处'，东土中国有十九处，陛下所言'圣冢'，即十九处中之一处。"由此，帝便下诏，于"圣冢"之上，依两位高僧所传印度佛塔样式，建佛塔九层，高166余米，岌若岳峙，号曰"齐云"。

齐云塔初建时为木塔，后毁于雷火。现存的齐云塔，高35米，共13层，为金大定十五年（1175年）重修，故又称"金方塔"，距今已有800多年的

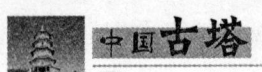

历史。

　　齐云塔另有一奇，当你站在齐云塔南面大约 20 米处用力击掌时，便可听到从塔身处发出"哇哇"的叫声，这和青蛙的叫声十分相似。其实这与齐云塔独特的造型有关，是采用一种声学的物理现象，因塔面上凸凹不平，故使回声不齐所致。

　　齐云塔院坐北朝南，占地面积达 40 余亩。自 1989 年以来，在市宗教局领导下，白马寺已故方丈海法法师集资百万，修建齐云塔，建有山门、碑廊以及禅堂、教室、观堂、僧房等三十余间，成为河南第一座比丘尼道场。现有尼众三十余人在此修学佛法。

齐云塔

洛阳文峰塔

　　古塔这一建筑形式源于印度，是佛教文化兴盛的产物。在近 2000 年的漫长岁月里，佛塔的建筑形式引发了古人的丰富想象力，一座座与佛教思想文化毫不相关的古塔也拔地而起，文峰塔就是其中之一。

　　文峰塔位于今洛阳市老城东南隅东和巷东端。于宋代初建，明末时期于战火中损毁，在清初时重建。明、清时附近还有一湖泊和一庙宇（现已废毁），塔、湖、庙交相辉映，形成了当时河南府城内一处著名的人文景观。

　　洛阳文峰塔是一座密檐式砖石塔，为四方形，高约 30 米，由塔基、塔身、塔刹三部分组成。基座用方形青石砌成，每边长 6.8 米，高 3.3 米，塔基和塔身之间嵌有铸铁，以保持整座塔的牢固性。塔身 9 层，通体用青砖砌成，从第1层至第9层逐层收缩，顶层每边长3米。1层至8层向北各开一弧形拱门，可向外望，门上皆有题额；第9层则四面各开一弧形拱门。塔刹已被毁。一层拱门两侧原有一副对联，如今只有其中半副字迹可辨：楼九尽云通天尺。

文峰塔融合了唐、宋以来各种砖塔结构形式上的优点。塔身外壁用砖砌筑，塔的中央又砌筑了一个砖塔心。每层之间建有木质楼板和木质楼梯，可盘旋而上，楼板和木梯后来均毁于战火。在塔内第一层内供有文昌塑像，文昌又称"文昌帝君"、"文曲星"，是中国神话中主宰功名、禄位之神，旧时多为读书人所崇祀。第二层内供有魁星塑像，魁星即"奎星"，原是中国古代天文学中"二十八宿"之一，后被称为主宰文章兴衰之神，有"魁星点状元"之说。这就是文峰塔名称的由来。古人建造此塔有祈福赐恩、益国安民、文化繁荣、人才辈出之意。

洛阳文峰塔

文峰塔是洛阳地区现存为数不多的古塔之一，为市级文物保护单位。旧时人们登临塔顶，除有"危楼高百尺，上可摘星辰，不敢高声语，恐惊天上人"的慨叹外，更多的是为俯瞰河洛大地的壮丽景色。为更好地保护古塔，如今塔门已被封闭。

睢县圣寿寺塔

圣寿寺塔位于"中原水城"睢县，是一座千年古塔。该塔始建于宋朝，距今已有1000多年的历史。远远望去，圣寿寺塔虽历经风雨的侵蚀，但它依旧高昂挺拔，巍然屹立，迎送着每一位来访者。

圣寿寺塔位于睢县西南22.5千米的后台乡阎庄村的宋代圣寿寺遗址上。该塔古色古香，为六角九级密檐式砖塔，高22米。除第一层檐置斗拱外，其余各层皆为叠涩塔檐。第1层塔身南面辟半圆拱门，入门处为六角形塔心室。第2层以上为实心。第6层、第8层南面有圭形门。塔身外壁一层至四层嵌有数量不等的砌砖雕佛像。塔顶是由覆钵、宝珠、宝瓶组成的塔刹。除了塔以外，圣寿寺周边的环境也与其相得益彰，其遗址上松柏叠翠、古树参天，周边桃红柳绿，四季景色宜人。

关于圣寿寺和圣寿寺塔，当地还流传着这样一段古老的传说：大宋时期阎庄村来了一位法号为慧普的和尚，他慈眉善目并且精通医术，他热心为当地百姓治病疗伤，很受百姓的敬重。大约过了两年，村里忽然来了一队兵马，说是奉旨来请慧普和尚回开封的一座大寺院任住持。原来慧普和尚曾对皇上有恩，但是当地百姓极力挽留，而普惠和尚也不愿意回到京城。最后皇上无奈，便下诏在阎庄村扩建寺院，取名"圣寿寺"，又在此建起一座高塔，取名

圣寿寺塔

"圣寿寺塔"。令人称奇的是，圣寿寺塔外嵌砌有佛像砖，其中的 260 尊佛像神态各异、栩栩如生，无一雷同，极具历史价值。圣寿寺塔是商丘市保存完好且是为数不多的古塔之一，由于具有很高的研究价值和观赏价值，1963 年，圣寿寺塔被确定为省级文物保护单位，2006 年又被国务院列为国家重点文物保护单位，大大提高了睢县这座历史文化名城的品位，并成为该县文化旅游业的亮丽景观。

开封繁塔

繁塔位于开封城外东南 1.5 千米的繁台，在河南开封的大街小巷，流传着这样一句俗语："铁塔高，铁塔高，铁塔不及繁塔腰。"从这句话中可以想象到繁塔的雄伟。繁塔现为国家重点文物保护单位。

繁塔建于宋太祖开宝七年（974 年），因为此塔高大雄伟，再加上繁台宽阔，所以每逢春季，人们就会到此春游赏花，烧香拜佛，饮酒赋诗。在繁台上形成一派桃李争春、百花吐艳、绿树繁茂、殿宇峥嵘的景象，成为汴京八景之一的"繁台春色"。

繁塔原为 9 层，由于人为原因，被封建当权者拦腰截拆铲掉，最后只剩下 3 层。直到清朝初期，人们才在 3 层繁塔上增修了一个平台，又在平台上修建了一个 7 级实心小塔，形成了 7 座小塔依偎在 3 座大塔怀里的奇特造型，并一直留存到现在。繁塔下部 3 层高约 25 米，是一座六角形的楼阁式佛塔，最底一层每面宽 13.1 米，从下往上各层逐级收缩，到第 3 层呈平顶。平顶上的七级小塔高约 6.5

开封繁塔

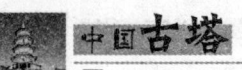

米，大概为下部一层的高度。大小塔总高31.67米。繁塔以佛像瓷砖镶嵌其内外壁。塔表面都是用33.3厘米见方的石砖砌成的，为凹圆形佛龛，龛中有佛像凸起，其佛像表情极其细腻，形象生动逼真，佛像的姿态、衣着也是各具特色。如端坐在单莲座或束腰莲座中的佛像，手执各种法器的佛像，骑着青狮的文殊菩萨，骑着白象的普贤菩萨，还有生着六臂或十二臂的观音菩萨等。塔基南北都设有拱门，能提供出入，但互不相通。若从南门入观，有木梯可上至3层；若从北门入观，沿踏道也可上至3层。如果想要从第3层登上大塔平台，则需要出洞门，由外壁踏道盘旋而上，这就是人们所说的"自内而上，自外而旋，登于其巅"的说法。繁塔内各层镶嵌有200余方各类碑刻，碑刻大多以宋代为主，其中最为著名的要数宋代书法家赵仁安所写的"三经"了。"三经"分别存于塔内上下两层。南门内第1层东西两壁镶嵌有6方刻经。东壁为《金刚经》，西壁为《十善业道经要略》。第3层南洞内东西两壁镶嵌着《圆觉经》。以上的经书雕刻皆为楷书，有欧、柳书法之长。"三经"刻石四周均有莲瓣开花纹图案予以雕饰，其雕技精妙。塔内琳琅满目的宋代石刻题记，不仅为研究繁塔历史提供了宝贵资料，也为研究佛学和书法艺术做出了卓越贡献。

知识链接

三门峡宝轮寺塔

宝轮寺塔位于河南省三门峡市区西部陕州风景区，原为陕州城内宝轮寺的寺塔。最初为唐僧道秀所建，金大定十七年（1177年）僧人智秀予以重建，距今已有800余年历史。现今寺庙已经损毁，只有塔还尚存。此塔塔门朝南，平面呈正方形，为十三级叠涩密檐式砖塔，塔高26.5米，塔围21.6米，用青灰条砖一顺一丁垒砌而成。塔底有台基和台座。塔的正面刻有塔铭"三圣舍利宝塔",塔身自下而上逐层收敛,每层高度均匀递减,外轮廓以抛物线的形式出现,用菱角牙子砖和叠涩砖层砌出塔檐,秀丽俊俏。每层塔身分别辟有半圆形拱券门、佛龛、窗洞,翼角下有风铎,风吹铃动,叮当作响。塔内有塔心室和梯道,可以登临远眺,一览"黄河远上白云间"的壮景。

如果游人站在塔的四周数丈叩石、击掌,便会听到"呱呱呱"类似蛤蟆的叫声。若叩石或击掌越响、越快,这种蛤蟆的叫声也就越逼真、响亮,所以当地人民也把这座塔叫做"蛤蟆塔"。其实塔内蛙鸣之声是物理中的回声原理。该塔同北京天坛回音壁、山西普救寺的莺莺塔、四川潼南县大佛寺的石琴,同列为我国古代四大回音建筑。现为河南省重点文物保护单位。

登封法王寺塔

法王寺位于河南省登封县城(今登封市)北嵩山玉柱峰下的半山腰,隐约于松林之间,为方形密檐塔,有"嵩山第一胜地"之称。寺院始建于汉永平十四年(71年),仅比洛阳白马寺晚建三年,是我国最古老的佛寺之一。

法王寺包括两部分:寺院、塔院。寺院有两进塔院,建筑都是明、清的遗物。山门为三间单檐山顶建筑,据明嘉靖十年(1531年)《重修法王寺记》中得知这是一座明弘治年间(1488—1505年)的建筑,是寺内现存最早的木构建筑。进入山门便见到在清

法王寺塔

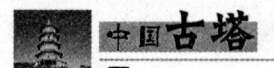

康熙五十年（1711年）重建的大雄宝殿、东西配殿。大殿之后更有地藏殿。

寺院之北的山坡上即为塔院，院内有15层密檐方塔以及3座单层小方墓塔。密檐塔高约40余米，塔身砌成平直壁画，塔檐以砖叠涩层层挑出，挑檐之外的轮廓又层层收敛，到了以上几层就急向内收，最上一层以短短的塔刹封顶。整个塔的造型挺拔秀美，为现存密檐方塔中的上品。塔下部辟有半圆券门，上部各层塔檐之间也都开有半圆券窗。门与窗两者既有尺度上的对比效果，又给塔增添了异常生动的形象。

关于塔的建造年代，从形制上来看应为盛唐时期的遗物。另外三座墓塔傍依此塔的东北面，也属唐塔之类。

安阳文峰塔

文峰塔，又有"天宁寺塔"之称，始建于五代后周广顺二年（952年），至今已有千年的历史。虽然历经炮火，至今依然屹立，巍峨壮观。因其上大下小的独特造型，而被安阳人津津乐道，常作为向外地人"炫耀"的谈资。

文峰塔高38.65米，周长40米，壁厚2.5米，五层八面。七层莲花座下依平台，上承塔身。塔顶为高10米的塔刹，宽敞的塔顶平台可容纳200余人。这种平台、莲座、辽式塔身、藏式塔刹的形制，世所罕见。再加上塔身下部8根盘龙柱之间的浮雕，大多都是极其精美的佛教故事，因此在历代名人贤士登临此塔后，都毫不吝啬其溢美之词。塔西有湖，湖之间有座桥连通。登临其塔来观湖，似见虹卧碧水；而当在桥上望塔时，又影如

安阳文峰塔

梦笔生花。若在文峰立交桥上向东眺望,仿佛有佛光普照、紫气东来。

文峰塔具有上大下小的特点,具有独特的建筑风格。由下往上一层大于一层,逐渐宽敞,是伞状形式,为国内外所罕见。

文峰塔的构造呈平面八角形,浮屠五级上有平台,下有券门,每层周围有小圆窗。塔坐落在一个高达两米的砖砌台基上。塔身底层的四个正面有雕塑精致的圆券门,门顶用砖雕刻着双龙戏珠。塔通体砖木结构,以砖砌为主,塔的最下层塔身较高,立于莲花座之上。塔的八面壁上分别有直棂窗、园券门和佛教故事砖雕等装饰,其刻工细致,形象逼真,造型生动。

唐河泗洲塔

泗洲塔,又有"泗水塔"之称,位于河南省唐河县城东南隅菩提寺旧址内。建于宋绍圣二年(1095年),高47.33米。底层坐落在台基上,南面辟一拱形门,2层到10层的每一层都辟有一门。其转角处有风铎,檐下为平座,塔内有塔心柱,柱的周围筑有88道盘旋石阶踏道,人们沿第一层踏道可登临塔顶。每层内外壁都有一两处碑刻或壁龛,龛内雕刻佛像。塔顶为八角攒尖式。

泗州塔的平面呈八角形,为11级楼阁式砖塔,高51米,塔基边长7.6米。塔身每层高度自下而上均匀递减,面阔逐层收敛,使塔略呈抛物线形,内有上行梯道,除第6级外第2级至第9级各辟有1至3个门,沿阶梯盘旋向上可登临眺望。

根据《走遍南阳》记载,泗州塔在明洪武十年(1377年)重建

泗州塔

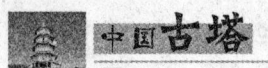

后又经多次修葺。因为保存比较完好，泗洲塔更显其雄伟庄严。1997年又有青烟从塔上浮出而成为远近奇观。泗州塔已被列为省级重点文物保护单位。

永城崇法寺塔

崇法寺塔位于河南省商丘永城市东关崇法寺内。"宝塔盘云"一直为永城八景之一。崇法寺于唐代修建，而塔建于宋绍圣二年（1095年）。如今寺庙已经损毁，仅存5层砖塔，其高34.6米，为楼阁式八角形，塔底座边长3米。1层至4层嵌有深绿色琉璃雕砖，构图为一尊佛像、三座菩萨。在1938年原塔遭日军炮击，1985年对其有过重修。

崇法寺塔塔体为椎柱形，每层檐下均有仰莲相托。仰望塔身，仿佛九朵莲花开放。塔的每层均有东南西北四门。八角皆有石龙头，龙头系有铁铃，随风而铿锵齐鸣，悦耳动听。

崇法寺塔

塔底层有地宫。内有棺床、石匣。塔底北门有青石走道沿至塔顶。内壁镶有651块深绿色琉璃佛像砖，构图为一尊佛像、两座菩萨。崇法寺塔是我国古代砖塔建筑艺术的代表作。

2006年5月25日，崇法寺塔作为宋代古建筑，被国务院批准列入第六批全国重点文物保护单位名单。

知识链接

洛阳永宁寺木塔

该塔是中国古塔史上最为显赫的一座楼阁式木塔，北魏的著作《洛阳伽蓝记》详细地记叙了这座木塔。它是北魏最高大的宏伟建筑，塔高9层，呈正方形，每面9间，计有三门六窗，漆成朱红色，门扉上有金环铺首（门扉上的环形饰物）及五行金钉，整座塔共有金钉5400枚。塔顶的刹上涌金宝瓶，宝瓶下置金盘11重。塔的高度记载由于历代的尺度不同，众说不一，有说90丈的，有说40余丈的。"去京师百里，已遥见之"，则足见塔的高度是首屈一指的，可惜楼阁式木塔已于北魏永熙三年（534年）焚毁于火。但从遗留下来的石窟内的塔心柱和各种浮雕壁面上，可以设想出这座塔当年的宏伟气势和风采。

永宁寺塔基在洛阳市东15千米，地处汉魏洛阳故城内。为正方形土台，各长50米，台高3.6米。土台上残存一部分塔基，上层用土坯垒砌，呈正方形，边长10米，残高2.2米。下层四周堆积被火烧焦的土坯、砖、残佛像头等。底部残存有方形柱穴，系土坯筑成，约0.5米见方，柱穴内尚有木柱残迹。

主持建造这座令后代人神思遐想的中国第一高塔的是北魏的胡太后。胡太后是魏孝明帝的生母。北魏开国皇帝为防止妇人参政，外戚乱权，立下"每立太子，先杀其母"的残忍制度。而胡太后生下太子后不仅没有被杀死，还晋升为嫔，继而又为太后，这足以证明她是一个绝顶聪明又擅耍权术的人，能挥动大手笔，建造这么一座中国第一高塔也在情理之中了。

第二节
湖北与湖南古塔

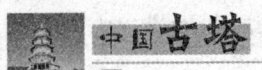

湖北武汉黄鹤楼圣象宝塔

圣象宝塔由元代至元三年（1343年）威顺王宽彻普化的世子所建，是用来供奉舍利和安放佛教法物的一座大型菩提佛塔，分为地、水、火、风、空

圣象宝塔

五轮,所以又有"五轮塔"之称。塔原在武汉市蛇山西端的黄鹤楼前,虽然不算高大,但长江来往船只远远就能望见它。又因它形似灯笼所以曾被误称为"孔明灯"。1955年修武汉长江大桥时,圣象宝塔被迁移到蛇山上。

圣象宝塔是典型的元代覆钵式塔,总高9.36米。塔基部分用石砌成,塔室则是砖石混用砌成。塔由三部分组成:塔座、塔身、塔刹。塔座是须弥座,呈十字折角形,四周分别装饰有云神、水兽、莲瓣、金刚杵、梵文等精巧的雕刻。塔身为素洁的覆钵体。塔刹的基座也为须弥座形,刹身相轮十三层,上刻莲瓣承托石刻宝盖,下刻"八宝"花纹。刹顶为铁制宝瓶。

塔室内为中空式,全部密封,没有地宫。塔心内有一个石幢,高1.03米,下为圆座,幢身呈八角形,顶刻各种莲花装饰,雕刻精巧。塔室内还发现一个铜瓶,瓶底刻有十六字"洪武二十七年岁在甲戌九月乙卯谨志"。

湖南桂阳东塔

东塔,又有"鹿峰塔"、"德星塔"之称,位于湖南省桂阳县鹿峰山顶。宋治平年间,进士孙颀为桂阳监使时始建,之后有过拆除。明嘉靖十年(1531年)予以复建,万历元年(1573年)竣工。塔通体砖石结构,七级八面,高30.18米,第一层直径有11米多,塔身中空,有阶梯可绕行到顶层之上。每层每面皆有券门或假券门,每层之间飞出短檐,转角处嵌有石枋,就像檐的翘角,每一翘角上都吊有一铜钟,微风吹拂,钟摇铃响,叮当悦耳;塔顶有铸铁相轮及宝瓶。在湖南省明代砖塔中,东塔别具一格。

东塔现为湖南省省级重点保护文物,并与鹿峰寺、鹿峰晚照、拙翁岩、

东塔

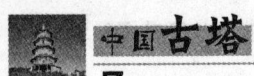

欧阳海塑像等景点合为东塔公园。

知识链接

东塔的传说

关于东塔有一个动人的传说。很久以前，宝山脚下住着一个叫周郎的穷苦青年，常年以在舂陵水中捕鱼为生。某一天，南海龙王的三女儿龙梅到舂陵水游玩，见周郎生得俊秀，便化作在河边寻猪草的村姑，天天给周郎提鱼篓，一同游玩。他们日久生情，龙女便出一上联要周郎对下联，以试探周郎的才华，其上联是："峰上栽枫，风卷枫动峰不动。"周郎思索一会答道："洲面泊舟，洲撑舟移洲不移。"龙梅爱怜周郎才貌，就许以终身。此事被巡河夜叉得知后报告龙王。龙王大怒，派兵捉拿龙梅问罪，又在舂陵水里兴风作浪，发大水淹没沿岸庄田。龙梅见百姓及周郎受苦，便拔碧玉钗掷入河中，顷刻间出现一座大山挡住洪水，玉钗又变为擎天柱耸立山上，周郎把船漂到山边拴在柱上，百姓与周郎才得保平安。后人为了怀念龙梅，便在山上修建一座宝塔以作纪念，此山就命名为"鹿峰"，又是在城东，故又叫做"鹿峰塔"或"东塔"。

第六章

华南地区古塔

　　华南地区包含广东、广西壮族自治区、海南、香港特别行政区、澳门特别行政区。本节主要介绍广西的瑞光塔、青山塔、日月双塔、文笔塔,广东的凤凰塔、宝光塔以及海南地区的涅槃塔、斗柄塔。

第一节 广西古塔

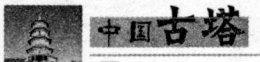

富川瑞光塔

瑞光塔位于广西富川瑶族自治县县城南郊约500米富江西畔的急转弯处。因塔内曾供有阴刻雕观音像,又有"观音塔"、"观音阁"之称。塔呈六角形,为七层楼阁式砖塔,高28米,塔基深4.8米,塔尖有重达400千克的铜刹盖顶。各层皆有一门,依次按顺时针变化门向。顶层六面皆有窗。塔内有螺旋式砖梯78级,可以凭此直接到达顶层。登塔远眺,可观"富川八景"中的"三景":"富水奔涛"、"层峦耸翠"和"山泉飞瀑"。塔下林木成荫,玉泉清澈,环境幽雅。

瑞光塔建于何年,尚未有明确的史料予以说明。据《光绪富川县志》卷12《杂记篇》记载:"明嘉靖三十四年(1555年)春,雷击瑞光塔砌面",说明它早在那时就已经存在。清咸丰五年(1855年)毁于兵火,同

瑞光塔

治十一年（1872年）重修。从明朝至今400多年来，瑞光塔历经洪涝、地震和雷击等灾难，依旧安然无恙。民国初年，瑞光塔所在地曾辟为中山公园。1980年和1988年，县人民政府曾两次拨款维修，加固塔基。1980年，瑞光塔被列为县级重点文物保护单位。

南宁青山塔

青秀山，又叫做"青山"，有"南宁市的绿肺"之美誉。位于市郊东南5千米处，南临邕江，山势雄伟秀丽，林木苍翠，风景宜人，为古代南宁八景之一。据史料记载，宋明时曾先后在山上建有白云寺、万寿寺、独孤寺、青山寺、董泉亭、洞虚亭、龙象塔等，后来都在战火中毁灭。

青秀山顶上矗立的宝塔叫"龙象塔"，即"青山塔"，它是青秀山的象征，始建于明万历年间，后被雷电击塌了两层，抗日战争期间政府认为此塔是日机轰炸南宁的"航标"，就把它炸掉了。到20世纪80年代中期才重新修建。它保留了明代的建筑风格，青砖碧瓦，八角叠檐，塔有九层，高60米，

青山塔

塔基直径为12米，有207级旋梯，是广西最高最大的塔。登上塔顶，可眺望方圆5~10千米的风光，南宁城的景色更是一览无余。

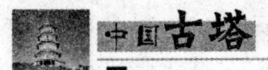

桂林日月双塔

日月双塔位于广西桂林市的杉湖中。日塔为铜塔,在湖中心,共9层,高41米。月塔为琉璃塔,共7层,高35米。两塔之间连接着一条10米长的湖底隧道。日塔的塔什、瓦面、翘角、门拱、雀替、门窗、柱梁、天面、地面等所有构件全部由铜质壁画装饰,整座铜塔创下了三项世界之最:世界上最高的铜塔,世界上最高的铜质建筑物,世界上最高的水中塔。

在双塔四周、内墙以及门窗等地方,都绘有五彩缤纷的图案,颜色主要有黄、绿、白、蓝、黑等颜色,种类主要有各种花草植物和"瑶王印"等图案,这些壁画主要反映了桂北文化,体现了少数民族追求精美生活的文化特征。

桂林双塔

湖底隧道实际上就是一座水下公园。透过拱形玻璃，可见看见头顶和两侧的鲢鱼、鲤鱼、花斑鱼等在湖底悠闲自得地游动。从日塔底部乘坐电梯，可以直接到达塔的最高层。从塔顶俯瞰，桂林城的湖光山色尽收眼底，一览无遗。

知识链接

导航塔

在一些江河岸边、海湾港埠以及长桥古渡等地方，常常可以看到有宝塔高高耸立。这些塔建造的时候，原本大多是出于迷信思想，作为镇鬼压邪之物。这似乎与"佛"有着些许瓜葛，但实际上，它们在人们心理上只起到稳定情绪、保证安全的作用。不仅如此，由于古塔的高标挺立性，它又往往成为指示津梁、标明大道的指示物。在平川旷野之中，高塔可以远远地被发现，循塔找桥寻路，避免绕弯多走。塔的这种妙用恐怕是造塔者所始料未及的。

高塔的导航作用尤其重要。江河转折、急流险滩处，往往是驾船者望而生畏之地；而茫茫夜空中，疲惫的航行者更需要一盏明灯指示港湾码头。在中国的古代文献上，早就有"海船夜泊者，以灯塔为指南"的记载；文学作品中，更有塔上"点燃八百灯笼火，指引千帆夜竟航"的诗句。可见塔的导航作用，很早即被人们所认识和利用。

以导航引渡而著名的古塔，在我国举不胜举。如杭州的六和塔，福建泉州的姑嫂塔、六胜塔，上海青浦的福田寺塔以及安徽安庆的迎江寺塔等。

第二节 广东古塔

惠州文笔塔

文笔塔始建于清初,呈正八边形,为楼阁式五层砖塔,高20.29米,基座边长2.5米,从塔内不能登临到塔顶。塔身的八个壁面上,第二层开方形明窗作为点缀,第三层南、北两面辟有圭形门,四、五层则仅在南面辟门。塔刹的建筑颇有特色,主要由刹座、覆钵、宝盖、宝珠四部分组成,比例协调、装饰性突出。塔身底层较高,达3.05米,以上各层次逐级递减,面积也层层缩小。

合江楼旁筑塔以励志起名"文笔塔",寓意该县希望借此塔保佑当地读书人能够功成名就,青云直上。基于这种寓意,塔下的东城基还有"青云路"之称。经历过400年历史的文笔塔,上下曾长满荒草,如今已修复平整。

在通往文笔塔的"青云路"上,

常州文笔塔

街道两旁随时可散见一些"红砂岩",这有可能是合江楼毁坏之后而残留下来的,如今都被当做寻常百姓家门前的阶石。文笔塔背后,原是惠州太守府东堂庭院,苏东坡就曾在那里品尝到荔枝名品"陈家紫",并且写下了两首关于荔枝的诗,其中之一就有广为传诵的"日啖荔枝三百颗,不辞长作岭南人"。

潮州凤凰塔

凤凰塔位于广东潮州古城外东南约2千米处的韩江之滨,因遥对凤凰山,又与隔江的凤凰台相望而得其名。凤凰塔右的韩江支流北溪在旱季时溪水常常干涸,当地取名"涸溪",故此塔又有"涸溪塔"之称。

凤凰塔始建于明万历十三年(1585年),清乾隆三十年(1765年)予以重修。塔高45.8米,基围46.6米,墙厚两米多,七层八面,通体石砖结构,工程浩大。塔的第一、二层为石砌,第三层以上为砖砌,塔身中空,夹壁中有螺旋形台阶可以登至塔顶。凭栏眺望,潮州古城景色皆映入眼帘。此塔塔

凤凰塔

尖有 3 米高的铁葫芦，重达两万多斤。塔基须弥座有龙、凤、鹤、马、羊等各种祥禽瑞兽和精美的花卉等雕刻。塔座的几个角还刻有形态各异、造型奇特的力士像。塔门西北向，两边有明万历年间潮州知府郭子章所写的对联："玉柱擎天，凤起丹山标七级；金轮着地，龙蟠赤海镇三阳。"凤凰塔位于韩江东岸，正当江水分流要冲，地势险要。近 400 年来，虽然经历了台风、洪水、地震等自然灾害的考验，仍然巍然耸立。1962 年 7 月被列为省重点文物保护单位。

高州宝光塔

宝光塔位于广东省高州市区西南部的鉴江河畔，建于明万历四年（1576年）。该塔为八角九层楼阁式砖塔，高 65.8 米，底层边长 5.72 米。塔身全部用青砖砌筑。塔基为须弥座，束腰部分各面均有三幅花岗岩浮雕图案镶嵌其中，每幅浮雕长 1.45 米，高 0.55 米。浮雕内容也丰富多彩，如吉祥富贵、双凤朝阳、鹏程万里、鱼跃龙门，还有独具特色的高州香蕉图等。两幅浮雕之间以一块竹节形石浮雕相隔。竹节浮雕高 0.55 米，宽 0.28 米。基座每角镶嵌一尊托塔力士浮雕，高 0.55 米，宽 0.38 米。托塔力士双手高擎塔身，给人以安全稳重之感。

宝光塔塔门是用砖雕图案进行装饰的，门额上方用砖雕阴文横书塔名"宝光塔"。塔名右上方有两行竖书阴文款，分别为"分守岭西道政朱东光"和"参政徐大任"。塔名左下方

宝光塔

有阴文竖书落款"万历丙子仲春建"。

塔内建有螺旋形砖级，为壁内折上式，沿着阶梯可以逐层攀登，直到塔顶。每层设四面真门、四面假门，并两两相对。塔内通明透亮。过去在塔内的每层皆立有数尊佛像，其中底层是护塔大佛像，造型高大威严；其余各层是小佛像，形态各异。再加上塔下同时兴建的发祥寺中也有众多的大小佛像，这就形成了浓郁的宗教气氛。因此群众又把宝光塔叫做"佛塔"。

在宝光塔两侧约200米处，保存有当年建塔时的民工住宅遗址——周家宅。周家宅为两进的民居建筑，通体砖木结构，小巧玲珑。民居正厅内还保存有完整的图案花饰。由于此屋建造坚固，故一直保存至今，是一座不可多得的明代民居建筑。

据《高州府志》记载，建造宝光塔，共耗费白金13余万两。这些建塔资金分摊到府属六个县衙负担，同时发动乡民捐献，其中县中邑人李铠捐资8万两。

由于此塔建在鉴江边沿，塔基为浮沙所堆，每年都要饱受数次洪水的侵蚀，还要遭受无数次雷电的袭击，因此塔身安全被严重威胁。清代咸丰九年（1859年）曾有过修整，为其加固塔基，培植护堤水草，以求减缓水力冲击，对塔的稳固起到了一定的作用。1964年秋，高州县人民政府拨出专款，加固塔内阶梯。1993年春，高州市人民政府在广东省文管会的支持下，又拨出20多万元，对宝光塔进行全面维修。这次维修的主要项目有：修筑防洪堤、加固塔基、修补塔身、重铸塔刹、安装避雷针，这一系列措施旨在消除自然破坏隐患，保护塔身及游人安全。与此同时，还增设了与宝光塔有关的配套设施，比如开辟宝光公园，使广大游人在参观文化古迹的同时，还能扩展视野，增加美的享受。古往今来，众多登塔游人，在攀登此塔时诗兴大发，曾留下了大量诗篇予以赞美。如明代知县张晓所作的《秋日登宝光塔诗》，便是其中较有代表性的一首。诗曰："浮图九级俯江流，乘兴抠衣豁倦眸。万里雄风吹短袖，四山疏雨澹高秋。星辰半自晴空落，云气低联远岫浮。回首尘寰烟树隔，犹疑飞鸟傍云游。"

宝光塔是广东省最高的楼阁式塔，具有较高的历史价值和艺术价值。1989年被列为广东省省级文物保护单位。

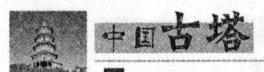

知识链接

金刚宝座塔

什么叫金刚宝座塔？佛成正觉时的座处，金刚界五佛之宝座也。古印度摩羯陀国佛陀伽耶菩提树下，上至金轮，下至地面，一大石刻平顶的圆板，这即是佛的金刚座。佛书中的《俱舍论》、《智度论》、《西域记》均有论述。用通俗的话来说，就是佛成正果时的坐处。按佛教的意思，这地方永不陷毁，所以名金刚，也是佛的道场。在这地方建塔，叫金刚塔，建台叫金刚台，或叫金刚座、金刚宝座塔。

第三节 海南古塔

琼山涅槃塔

涅槃塔又称"儒符石塔"，位于海口市琼山区石山镇西北约1公里的儒符村。涅槃塔建于宋代末年，是一座历时800多年的佛教名塔，为海南省重点文物保护单位。

涅槃塔古老朴实，巍峨雄伟。塔通体石块结构，高2.6米，竖置在高10

余米、宽 7.6 米、长 7.68 米的高大台基上。塔分 5 层，由 23 层石头筑成，呈四角形。第一层内龛供奉一尊石雕像，檐角飞起，基座为金字形。塔顶建有一亭，亭内陈设着菩萨和武将神像，置覆钵和火焰盘轮竿。塔基背面设台阶 25 级，拾级而上，可登上台基顶面。塔的台基全由方块石垒叠而成，和金钢塔式"宝座"极有相似之处。塔的造型特殊，艺术精湛，别具一格，在琼崖独一无二，为全国罕见。

涅槃是佛教用语，它有双重含义，一种含义是指幻想的超脱生死境界，一种含义是指释迦牟尼之死，后用于代称佛僧的死。以涅槃塔命名，可能是取"涅槃"的第一种含

涅槃塔造型

义。涅槃塔的来历有多种传说。其中一种说法是说宋代末年，石山地区有一民女符氏姑娘靠卖草鞋来积蓄银两，其编织的草鞋闻名遐迩，心灵手巧，手艺超群。她信佛敬佛，用一生的积蓄来建造此塔，当地人把它叫做"草鞋塔"。还有一种说法是说宋高宗绍兴年间副相李光和卖国求荣的秦桧进行坚决的斗争。可是朝廷却腐败无能，奸臣当道。秦桧和杨顾等人上下勾结，诬陷李光，将其流放海南。他辞世后，当地人民便建造此塔来纪念他。

文昌斗柄塔

斗柄塔位于海南省文昌市铺前镇的七星岭，此地林密草茂，动植物资源丰富。斗柄塔矗立于七星岭主峰上犹如七星生柄，故得名"斗柄塔"。塔建于明朝天启五年（1625 年），清朝光绪十三年（1887 年）重修。塔的平面呈八角形，共七层，层层收缩递减，砖道以线砖与梭角子砖叠涩出檐，每层有拱门，内设螺旋式阶梯 104 级，拾级可登塔顶。塔高约 20 米，塔顶葫芦已废。现仅存覆盆，塔基围 44.8 米，塔身厚 3.55 米。塔门向西，门额石匾刻有"斗柄塔"三个字。上款刻"明天启五年孟冬月建造"；下款刻"清光绪十三

年孟冬月重修"。斗柄塔对望琼州海峡，过去的商民船只在经过此峡时，因无航标，常有失踪、遇险的事情发生，被认为是妖怪作祟。明代礼部尚书王宏诲致仕后，以航标和镇妖为目的，邀众并奏请朝廷拨款建塔。

斗柄塔

此塔造型端庄稳重，雍容大方，居高挺拔，耸入云霄，气势雄伟壮观。始建至今已370多年，历经沧桑，顶风沐雨，经受无数次强台风及雷电的袭击，依然巍然屹立。该塔不仅是海上航运和渔船作业的特殊航标，还是研究海南古塔发展历史的宝贵资料。

知识链接

无缝塔

　　我国塔中有一种塔，至今尚未引起人们的注意，更无人有过系统的分析、研究以及写出专著等。即使有人偶尔提及，但对其名称叫法也各有不同，当然更谈不上系统论证了。

　　这种塔的形象，是在其基座上安放一个圆形塔，塔体无缝，其构造可以说是简单之极。

　　这类塔的特点，主要是没有塔刹，也没有塔脖，全塔突出窣堵坡；其圆型球体虽与喇嘛塔的塔体相似，但却不能认为是喇嘛塔。

　　这种塔尚无确切记载始建于何时，现还没有发现过北魏时代的实物，只发现唐代建造的大姚白塔，乃是一座最早最大的"中国窣堵坡式塔"。它明显地在一座高大基座上，安放有一个大圆型球体。至今保存得非常完整的大姚白塔位于云南大姚县城西门外文金峰山顶上。

第七章

西南地区古塔

西南地区包括重庆市、四川省、云南省、贵州省、西藏自治区5个省级行政区。本节主要介绍四川的龙爪塔、镇江塔，云南的佛图塔、官渡金刚塔、大理崇圣寺三塔、大理千寻塔。

第一节 四川古塔

达州龙爪塔

龙爪塔位于四川省达州塔沱龙爪山上。该塔建于唐朝年间，距今已有1300多年历史，属四川省重点保护文物。但据文物部门考证，乾隆十二年（1747年）增刻本《达州志·舆地图》已绘有龙爪山图，先后经嘉庆十八年（1813年）和光绪十四年（1888年）两次补修。塔底建筑面积达57.4平方米，底厚15米，外径长6米，周长26.7米，十分宏伟。每层塔都有砖砌花檐，除底层有一大门外，其余八层均有四扇小窗。塔顶用一口大铸铁锅封固，虽历经千年风霜雨雪，也没有生锈腐烂的迹象。登上塔顶，远眺城邑，楼影点点，颇为壮观。

龙爪山孤峰独耸，峭立江边，"如龙舒爪"。山下有块深潭，名为"龙爪潭"。俯瞰深潭，一片碧波荡漾，令人神往。大文豪郭沫若在1937年登上龙爪山之时，

龙爪塔

远眺凤凰山，立即挥毫抒发情怀："凤凰之山何蜿蜒，龙爪欲攀天"。1968年，达县市人民政府又拨专款维修了一层到九层已经腐烂的木楼梯，1989年正式对游人开放。

邛崃镇江塔

镇江塔位于四川省成都邛崃市城东南3千米处，是成都市境内最高的古塔，也是中国现存最高的风水古塔。此塔矗立在南河河心的沙碛上，高75.48米。虽然经历了无数次风雨、洪水、地震等自然灾害的严峻考验，该塔至今仍巍然屹立，雄伟挺拔，成为当今我们研究古代建筑史和古代高层建筑不可多得的实物资料。

佛教传入中国后，在相当长的一段时期内，塔与佛寺就一直紧密相连，基本上是有塔的地方必有寺。明代中叶以后，有的塔便与佛教脱离，选址以风水为依据，有的耸立闹市，有的雄踞寒山，还有的镇守江畔。镇江塔就是一种以保护风水为目的而修建的古塔。

镇江塔又称"回澜塔"，是清代分三次在明代的塔基上重建的。据《邛州志》记载："明万历四十四年（1616年）州牧袁昭文始建镇江塔，郡进士杨伸撰碑记。崇祯末，毁于兵燹。"在清代乾隆年间，由州官徐时敏主持第一次重建工作，后由于各种原因，当时只完成了底层部分的修建。随后的第二次续建在清同治年间，但是也只完成了一半。直到清光绪初年的第三次重建，才在州官李玉宣的主持下将其彻底完工，并取名为"回澜文风塔"，当地人都习惯把它叫作"回澜塔"。

镇江塔共13层，塔形为重楼式。塔顶有一铜制葫芦形塔刹，就是人们通常

镇江塔

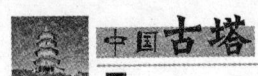

所说的宝顶，远远望去金光闪闪，让人误以为是黄金宝顶。塔的平面呈正六边形，每边长7.2米。塔基用红砂石条砌成，塔基之上用青砖砌筑塔身，各层叠涩内收，逐渐收小。

塔内有一正方形塔心柱，直达第九层底部。塔心柱是中空的，在其中各层都设有殿龛，供奉着8位人物，从下往上依次是：伍子胥、范蠡、关羽、李冰、苏轼、冯时行、岳飞和主宰文人命运的"奎星"。此外各层塔门外匾额上的题款，也与塔内供奉的人物有关。比如第六层殿龛的冯时行，为北宋宣和六年（1124年）的状元，川西民间传说他是四川第一个获得"科甲延绵"四字的人，其寓意蜀中英才辈出，所以外面的匾额上题的就是这四个字。塔至九层而上，内部全空，只有一架直木梯供人上下。因为内部没有任何供奉，所以塔外也没有匾额。这五层塔楼依次为仁、义、礼、智、信楼，名曰"五常楼"，体现了浓厚的儒家思想。

镇江塔是成都地区唯一一座对外开放的古塔。游人可从第一层塔门进入，然后沿着塔壁和塔心柱之间的阶梯盘旋而上，直到第九层后，可再沿木梯登至顶层。各层六面皆开有拱形窗口，既可通风透光，又可凭窗眺望。当游人登至顶层，从六个方向凭窗远眺，邛州古城和方圆数十里的山色风光一览无余，尽入眼底。

知识链接

多宝塔

我国佛塔种类很多，其中有一种名叫多宝塔，也称为七宝塔。佛教对宝塔的解释是，严加装饰，成为珍宝之塔。《法华经》记载宝塔道："尔时多宝佛，于宝塔中分半座与释迦牟尼佛。"《佛祖统记·四十一》曰："无著禅师入五台，至金刚窟见仙翁。翁说偈曰，一念净心是菩提，胜造，沙七宝塔，毕竟化为尘，一念净心成正觉。"

七宝塔虽亦称多宝塔，但要具有七件宝。对七宝的记载，佛教经典中稍有出入，不尽相同。《法华经·受记品》：金、银、琉璃、砗磲、玛瑙、真珠、玫瑰七种宝物。《智度论》曰：金、银、琉璃、玻璃、珊瑚、玛瑙、砗磲。《阿弥陀经》：金、银、琉璃、玻璃、砗磲、赤珠、玛瑙。

我国有多宝塔、七宝塔之名，始于唐代。唐长安城有千福寺，寺中有多宝塔；现今虽然佛寺与塔都不存在了，但有千福寺多宝塔之碑文流传下来，亦可窥见当年寺塔之大概。此多宝塔碑为著名书法大师颜真卿亲笔书写，当年千福寺乃皇帝敕建，其碑文可谓流传千古了。

元代之多宝塔，有浙江临海中子山下之大塔，名"多宝如来塔"，至今尚存。明清以来，佛寺的佛殿里，常供奉精品小塔，都名多宝塔。

第二节
云南古塔

大理佛图塔

佛图塔，又有"蛇骨塔"之称，在大理众多的古塔中，佛图塔属于别具一格的古塔。它是白族英雄的象征。

中国古塔
ZHONG GUO GU TA

佛图塔

传说南诏主劝利晟时，洱海里有一条名叫"薄劫"的巨蟒，它常常兴风作浪淹没庄稼，并吞食人畜，当地人民深受其苦。为此，南诏王张贴榜单招纳勇士为民除害，但却没有人敢应招。过了不久，有一个叫段赤城的人前来揭榜，愿意与巨蟒搏斗。只见他浑身绑满利刃，手执利剑，只身便扑向洱海与巨蟒搏斗，结果被巨蟒吞入腹中，最后与巨蟒同归于尽。为了纪念这位舍身除害的勇士、人民心中的英雄，便把他葬在点苍山斜阳峰下，并用蟒蛇骨烧成灰拌在石灰中建起一座灵塔，取名为"蛇骨塔"。有了这动人的传说，使佛图塔声名远扬。

佛图塔位于大理市下关北郊点苍山斜阳峰麓阳平村北面，塔后有寺，距下关市区4千米。佛图塔的建筑年代和建筑形式大致类似于崇圣寺三塔中的主塔千寻塔。佛图塔高30.07米，为十三级密檐式空心方形砖塔，塔檐第一级到第四级的高度相差不大，每级约60至70厘米；第八级到第十一级高度基本一致，每级约50至55厘米，塔身内空，为筒形结构，直通到第十二级。塔顶有青铜塔刹。塔西佛图寺的房屋建筑比较完好，但寺内精美的佛像已毁于"文革"期间，现在仅剩九尊柏木雕观音像，以及泥塑文殊、普贤像各一尊，石雕本主像三尊。

1980年，国家曾拨专款对佛图塔进行维修，并发现了一批文物，其中有保存较好的经卷20多种，共50余卷，主要有《金刚般若波罗蜜经》、《大通广方经》、《金光明经》等。经卷大部分是元代刊印的，有少部分是大理国时期的。

昆明官渡金刚塔

金刚塔，又有"穿心塔"之称，位于昆明东郊的古镇官渡螺峰村。金刚塔为沙石所建，形制之奇特，建工之精巧，堪称国内金刚宝座式塔中的上品。

据典籍志书记载，金刚塔始建于明朝天顺元年（1457年），第二年竣工。至今历经500多年的风雨沧桑，其塔虽然为风蚀斑驳，但仍旧风骨依存，傲然耸立。

金刚塔的基台呈方形，底部开有券洞门。须弥座式基台高4.8米，边长10.4米。基台上有五座佛塔，中心的主塔为金刚宝座塔。主塔须弥座高2.7米，边长5.5米，总高16米。主塔的四边是形制一致的群塔，基台四角雕有四尊力士像，四面皆为雕刻，其形象生动，刻工精湛。放眼望去，金刚塔主塔形如喇嘛塔，塔的下部是七圈莲瓣，上承覆钵形塔身，四面各开一佛龛，并塑有佛像。塔刹上有十三天相轮、铜宝伞盖、摩尼珠和宝瓶。主塔四周的四座小塔，通高8.84米。主塔与四小群塔参差不齐，错落有致，相映成趣。金刚塔建成至今已有500多年的历史，具有重要的历史文化价值和艺术价值。1996年，国务院将该塔列为全国重点文物。

大理崇圣寺三塔

崇圣寺三塔，距离下关4千米，位于大理以北1.5千米处的苍山应乐峰下，背靠苍山，面临洱海，三塔由一座大塔和两座小塔组成，呈三足鼎立之态，远远望去，雄浑壮丽，是苍洱胜景之一。崇圣寺三塔为第一批全国重点文物保护单位。

崇圣寺三塔的基座呈方形，四周有石栏，石栏的四角柱头有石狮雕像，其东面正中有块石照壁，上书四个大字"永镇山川"，气势磅礴。三塔互为鼎立之势，主塔千寻塔巍然耸立在石构栏的两重台之上，顶高70米，为十六级密檐式方形砖塔，除叠涩外，外部全抹白灰泥，每级四面有龛，相对两龛内

崇圣寺三塔

供有佛像，另两龛为窗洞，相邻两级窗洞的方向交替错开，为塔内提供了良好的光线。底层高约13米。西面设塔门，塔内装有木骨架，循梯而上可直达顶层。塔顶有铜制覆钵，上置塔刹，与西安大小雁塔同是唐代的典型建筑。千寻塔耸立在洱海之畔，西负点苍山，是大理的标志性建筑，是云南大理一道美丽的风景线。

　　崇圣寺三塔相传建于南诏保和时期，近年来曾在塔顶发现南诏、大理时期600余件重要文物。南、北二小塔，位于主塔之后，两塔间距为97.5米，与主塔相距70米，成三塔鼎立之势，两塔均为八角形空心砖塔，共十级，各高43米。三塔的主塔始建于8世纪，即唐朝的中期、云南的南诏国后期，两小塔建于10世纪，即宋初和云南的大理国时期，本来是巍立在号称"百厦千佛"规模宏大的崇圣寺山门前面的，但因历经地震与战火，寺宇已荡然无存，唯有三塔在这著名的地震多发地区，历经千年而安然矗立到现在。

第八章

东北地区古塔

我国东北部历史悠久，地域辽阔，包括辽宁、吉林、黑龙江三省，这些地区保存下来的古代建筑并不多。大部分的塔都是五代时期建造的，少数为金代时期建造的，元、明两代几乎没有。长白山灵光塔是近些年新发现的，是等同于唐代中晚期的渤海国建造的。目前在东北地区，这是唯一的唐代塔。因此，它具有重要的史料参考价值。

第一节
辽宁古塔

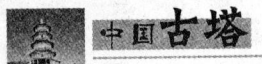

锦州广济寺塔

广济寺原名"普济寺",又有"大佛寺"之称,在历史上也被叫做"白塔"或"舍利塔"。位于锦州古塔区广济寺内,现存的广济寺殿宇是清朝道光年间重建的,而广济寺塔自辽清宁三年(1057年)建成以来,后世很少修缮,基本保持原貌。

寺院坐北朝南,占地面积达3000多平方米,有两进院落。最南面是天王殿,过天王殿,东西两侧各有一座方亭,其四角攒尖、做工精细。方亭的后面是带前廊的东西配殿,过了配殿是关帝殿,殿内塑有关羽、关平、周仓的神像。寺院的主要建筑——大殿坐落在关帝殿后面的须弥座上。大殿高1.4米,为重檐歇山式,面阔七间,进深三间。屋顶的正脊当中有砖刻阳文"慈云广敷惠日长明"。广济寺塔原高63米,如今的高度是57米,为

广济寺塔

八角十三层实心密檐砖塔。

塔底部为高大的须弥座,每边长 8.6 米,束腰由蜀柱、壶门和角神组成。蜀柱上有人物、花卉、瑞兽等雕刻图案,壶门内放置一座佛像。束腰之上为构栏平座,由万字花纹装饰,平座的上部是一个巨大的仰莲承托着塔身,第一层塔身的各面设圆形倚柱,券顶佛龛,龛内有一尊坐佛。各面的坐佛除正面的着冠外,其他均为螺发高髻。佛龛的两侧各有一尊立佛。上方有飞天,四周装饰着吉祥云纹。广济寺塔于1963年9月被列为辽宁省文物保护单位。

沈阳四塔

在辽宁省沈阳城的四周各建有四座塔,每座塔的旁边各建有一座喇嘛寺院。"永光寺"为其东塔;"延寿寺"为其西塔;"广慈寺"为其南塔;"法轮寺"为其北塔。四塔建于崇德五年(1640年),于顺治二年(1645年)完工。乾隆皇帝曾为四寺题写匾额,悬挂在四寺的大殿之上。永光寺为"慈育

沈阳四塔南塔

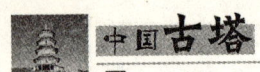

群灵",延寿寺为"金粟祥光",广慈寺为"心宏彼岸",法轮寺为"金镜周圆"。

四塔四寺除了名称和供奉的佛像不同,其建筑规模和造型几乎完全一致。

北塔法轮寺位于于洪区北塔街27号,占地约1万多平方米,各式建筑共计四十二间,如山门、钟楼、鼓楼、天王殿、大殿、晾经楼、僧房等。大殿高悬乾隆御题"金镜周圆"匾额,殿内供有一尊"天地佛",两尊左右佛,以及八尊菩萨。"天地佛"又有"欢喜佛"之称,其状为男女拥抱形态,象征"天地交泰"。天王殿内供奉弥勒佛、四大天王和韦驮。塔位于寺院的东北角,高约21米,由三部分组成:基座、塔身、相轮。基座为方形束腰须弥座,雕刻着西番莲等纹饰。基座及壶门两侧各立石柱,有俯仰莲、宝莲花等纹饰石雕,每面中间都用两根石柱构成三个壶门。中间的壶门凸出,里面放有宝盆、火焰珠,两侧的壶门稍稍内收。基座之上是三层圆坛座,立着宝塔式的塔身,是由砖砌而成,共十三层,层层内收,塔身顶上为宝盖、塔刹。

东、南、北三塔相继在20世纪80年代得到修复,西塔由于破损厉害,在1968年予以拆除。人们在拆除西塔时发现了地宫,相继出土了包括佛像在内的一批珍贵文物。1998年,西塔和延寿寺得以复建,西塔塔高26.33米,塔基座占地256平方米。延寿寺占地总面积为4000平方米,山门、天王殿、大雄宝殿、东西配殿共占地800多平方米。殿内雕梁画栋,古朴壮观,观之无不赏心悦目,拍手叫绝。

另外,从1985年开始,沈阳市文物管理办公室在法轮寺内建立了碑林,现收集到100多通石碑,其中最古老的是明代成化年间的石碑,最晚的是伪满洲时期的石碑。这些石碑经过修复,大多立在寺院当中,向游人无声地述说着古今的事情。

铁岭白塔

铁岭白塔,原名"圆通寺塔",位于铁岭市区内银州贸易城东南侧,古铁岭城的西北角,是辽北现存最早的古塔。关于此塔的始建年代已无准确数据得以说明,有人说建于唐代,有人说建于辽代,还有人说建于金大定年间,

第八章 东北地区古塔

其始建年代尚待考证，但不会早于辽代。

该塔在明代时期已经破败不堪，明万历十九年（1591年），辽东总兵李成梁夫人出资予以修缮。此塔为八角十三级实心密檐式，塔身通体青砖垒造，略呈锥形。塔顶刹杆有铜盘和宝珠，塔座八面嵌有八个大字"风调雨顺，国泰民安"，八面各有一尊浮雕佛像，并以宝盖修饰。第一级塔身南部是神佛像，塔檐下部有砖雕斗拱，塔基和塔身有砖雕装饰。每层塔檐都悬挂铜镜和铁铃，塔身涂以白灰，故又有"白塔"之称。古时此塔为城中最高建筑，《志书》记为"二十里外能望而见之"。每当雨过天晴之后，白云飘逸于塔间，故有"白塔横云"的美称。古人曾用"山雨过城头，雨晴云未散。忽见白塔尖，钻入青天半"的诗句来赞美白塔的秀丽景色。

铁岭白塔

知识链接

塔与战争

塔这种建筑物，不但高，而且可以借以隐蔽和住歇，因而在驻扎军队、嘹望远方敌情，以至于进行防御射击等方面，都有很大的优越性。在古代战争条件下，军事家们早就看中并运用了塔的这些妙处。

塔作为一种建筑灵活的设施，可以随时随地随情形而修造。在一马平川，缺少高山或大树等制高点的地方，平添一塔来御敌，的确不失为一种高招。

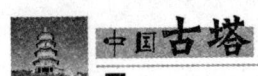

我国古塔有不少都曾经在历史上立下赫赫战功。尤其是坐落在古代边境或军事性城镇的古塔，无一例外地发挥了这一功能。如明代坐落于九边重镇的陕西榆林凌霄塔、宁夏银川西寺塔等。

　　充分发挥观敌瞭望、军事防御之妙用的古塔典型，是古代辽宋交界处的两座名塔：一处是山西应县佛宫寺释迦塔，一处是河北定县的"料敌塔"。前者是辽军为观察经常神出鬼没、搞突然袭击的宋军杨家将而修建的，虽然称为释迦塔，实际上完全变为军事性建筑。后者是宋方建立的，并干脆直接冠以"料敌塔"之名。料敌塔是中国现存最高的一座古塔，高达84米，相当于一座20层的高楼。这在当时恐怕是建塔的最高水平了。登上塔顶极目远眺，冀中平原尽收眼底，其"料敌"效果当真卓然不凡。

辽阳龙峰寺舍利塔

　　舍利塔位于辽阳县下达河乡下涧村龙峰寺东北的山坡上。其设计精巧别致，为八角汉白玉三层中空宝塔，塔高21米，八面塔身雕有佛像十尊，取汉、藏、印风格为一体，集古典建筑风格和现代建筑精华于一身，高耸入云，雄姿英发。舍利塔中供奉的是释迦牟尼佛的舍利。释迦牟尼佛是掌管婆娑世界的现世佛，其声誉在中国、日本等佛教僧侣中最高。只有达到"自觉、觉他、觉行圆满"的佛才能留下舍利子。

　　舍利子也称"舍利"，是指佛教祖师释迦牟尼的遗体焚烧后结成的形如珍珠的颗粒，后来也指德行较高的和尚死后烧剩的骨头。白色的是骨舍利，黑色的是发舍利，赤色的为肉舍利。这座舍利塔中供奉的是佛祖的骨舍利，为白色珠状晶体。据龙峰寺住持释来愿大师介绍，因乾隆皇帝与龙峰寺颇有渊源，曾御封此庙。于是乾隆皇帝第八代后裔、北京正慈精舍主人爱新觉罗·裕丛将其世代珍藏的五颗佛祖舍利子赐给龙峰寺，以奖励住持释来愿大师复兴龙峰寺的功德，并嘱咐兴建舍利塔。佛祖舍利是佛宗瑰宝，是佛教信徒顶礼膜拜的圣物。

　　舍利塔开光之时，可以说是盛况空前。4万余名僧人信徒前来跪拜，虔诚之心可昭日月。此塔是20世纪东北地区仅有的一座佛舍利塔，这也为龙峰寺增添了新的内涵。进入塔内我们便来到了佛的王国。室内有造型优美的佛祖圆寂时的塑像，周围墙上的壁画栩栩如生，并为我们讲述着释迦牟尼悟道成佛的故事。菩提树下，释迦牟尼历尽千辛万苦创立

龙峰寺舍利塔

了佛教。唐朝开元盛世，佛教又植根于中国沃土，在中国的土地上发扬光大，成为万千民众的追求和信仰，这些无不展示着佛教的博大精深。

第二节　吉林古塔

长白山灵光塔

　　灵光塔位于吉林省长白朝鲜族自治县城西北塔的山顶上，为长白朝鲜族自治县政府所在地。在县城西北方向的塔山顶端建有灵光塔，它是一座重要建筑。

　　灵光塔呈方形，边长3米，是一座五层楼阁式塔，高约20米。乍看外

灵光塔

部，它的构造与中原地区唐代的砖塔极其相似。塔的地面部分没有台基，也不做基座，塔身从地面直接砌出来。现存的石块台基，是几年前长白县文化局维修时用石块砌成的，以防塔砖脱落。第一层塔身比较高，有4.6米。塔壁全部用砖砌，南面开券门，做成平弧券。这种构造大约从北魏石窟就开始了，后来被部分砖石建筑采用。塔身四面近于檐下部位镶方形浮雕砖块，表面有简单的线刻图案，如莲花等，花瓣宽厚，特别是塔的北面层层都施用这种雕刻图案。塔的二、三、四层塔身，都砌出简单的砖层，作为平座之示意。塔的东西两个侧面均开有直棂窗，二层每扇六根，三、四层每扇五根，五层每扇四根。这是由于各层塔身宽度逐渐减小，所以窗子的尺度也随之而逐步减少所致。各层直棂窗上涂饰朱红颜料，作为彩色装饰，至今西侧窗子的朱红色仍然存在。三、四、五层各檐都用叠涩出檐，中间夹一层菱角牙子砖层。塔身的层高逐级缩短，塔身宽度也逐层变窄，出现了优美的轮廓线。从三层至五层，檐子逐渐升起。

　　第一层有塔室，平面为方形。二层塔室，中心部位留出一个方形空井，上下相通，天井做叠涩。第二层以上做很小的空筒式结构。这是小型塔的一种构造方法。全塔内外壁体均用青砖砌造，砖块质地纯实，每层按长身平砌，层层咬缝，砌得平整，表面不露丁头砖。砌砖均用黄土泥为浆，这是唐代砖塔普遍用的方法，十分古拙。全塔的青砖，因年代久远，已逐渐变为黄褐色调，与当地黄土颜色几乎一致。关中地区唐代建造的塔，同样出现黄色。从表面上看，灵光塔与关中地区的唐塔，如法王寺塔极其相似。

　　下部安置两层仰合复钵，这是原来的遗物。上部相轮与宝珠等很像是后来更换的，这可能是在清代重修时重新加做的。不过从它的式样来看，仍然保持唐代风格。

从灵光塔的内部结构到外部做法，从工艺到式样，从装饰到色彩，都具有中原地区、关中地区唐代砖塔的风格。

白城洮南双塔

白城市洮南东北，洮儿河北岸，德顺乡境内的双塔村内有两座建筑精美、年代久远的古塔，那就是赫赫有名的"洮南双塔"。

洮南双塔，俗称"双塔子"，又名保安塔，属于吉林省重点保护文物。塔高12米，两塔距离约20多米，皆为青砖构建。塔基方型底座，有4层塔阶，下部四周有大型浮雕砖狮16块，表情活泼雄健。双塔顶部，原有数十斤重的铜制华盖与宝珠组成，精致衬托，别具一格。华盖底部，挂有铜铃4个，迎风摇曳，清音悦耳，可惜如今一个也不在了。据当地农民回忆，其中一个在1979年春被盗，另一个在1937年遭风雹挂落，被日本侵略军弄走了。

双塔东西并峙，塔身覆钵形，上部有塔刹相轮十三通，刹干两侧从上到下，有两条用木头透雕出蔓草纹饰图案的支柱，作为刹饰。中有塔龛，下为四方形塔座，座周围有梵文经咒砖刻，座下四周有神兽及火焰宝珠砖浮雕十三块，座的底部为四层塔阶。经考证，双塔属清代早期的典型寺塔建筑，是松辽平原目前仅存的几座古建筑之一。据考证和双塔同期的寺院建筑规模也

洮南双塔

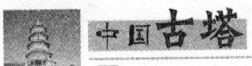

很宏大，位于双塔后侧，已全部破坏无遗。

如今，双塔已被洮南市政府拨款修葺一新，是东北松辽平原上仅存的几座古建筑之一。

知识链接

珲春马滴达塔

马滴达塔位于吉林省延边市珲春马滴达乡马滴达村东约1千米处的小平台上。小平台是自然形成的，呈马蹄形，因塔位于此马蹄形的平台上故而得名"马蹄塔"。由于谐音的关系，当地人们将"蹄"称为"滴"，将"塔"称为"达"，也就形成了如今的"马滴达"。此塔在民国年间已经倒塌，现在已是一片废墟。

马滴达塔的平面呈方形，与中原唐代时期的佛塔相近。无论是在塔基平面，还是在墓室的结构、规模、筑法等方面与贞孝公主墓基本相同，由此推断，马滴达塔应该是渤海时期所建的一座墓葬。

该塔"地宫"虽没有墓碑、壁画，但却出土了一批人骨。据有关部门鉴定，墓主是一名中年男性。由此可知，马滴达塔是一座墓塔结合形式的墓葬。

该塔距渤海东京龙源府八连城址约50千米，当属京城管辖境内。贞孝公主墓修建于渤海文王大钦茂大兴五十六年（729年），即大钦茂在东京龙源期间。从结构、风格上分析，马滴达塔的建造年代也应大约在这个时期，时间不会相隔太远。由此也可以推测出该塔墓的主人很可能是渤海王族的另一位重要成员。

此塔是少有的渤海时期的遗迹之一，是珲春境内唯一的渤海塔，对于研究渤海王国的历史，具有重要的参考价值。

第九章

西北地区古塔

　　西北地区一般指新疆维吾尔族自治区、宁夏回族自治区和青海、陕西、甘肃两区三省之地。本节介绍新疆的吐鲁番苏公塔、高昌城塔婆式塔，宁夏的一百零八塔、海宝塔、承天寺塔、拜寺口双塔，陕西的大雁塔、小雁塔、积寺善导塔、玄奘墓塔、延安宝塔、法门寺塔。

第一节
新疆古塔

吐鲁番苏公塔

苏公塔，又有"额敏塔"之称，位于吐鲁番市东郊2千米处的木纳格村。建成于公元1777年，是新疆现存最大的古塔，至今已有200多年的历史。苏公塔是清朝名将吐鲁番郡王额敏和卓的次子苏来曼为了纪念其父亲的功绩，以及表达对清王朝的忠诚，自己出白银7000两建造而成的。苏公塔高44米，塔身上小下大，呈圆锥形。塔中心有一立柱，呈螺旋形向上形态，并逐渐内收直到塔顶，共有台阶72级。塔通体砖木结构，在不同的方向和高度，留有14个窗口，塔身外部有15种以上的几何图案，可谓精妙绝伦。苏公塔造型别具一格，庄严古朴，具有浓郁的伊斯兰风格，是吐鲁番著名的旅游景点之一。

整个建筑群由两大部分组成：古塔和清真寺。古塔是灰砖结构，是清代维吾尔建筑大师伊布拉欣所建，除了顶部窗棂外，基本不用什么木料。塔身浑圆，自下而上，逐渐收缩。塔基直径10米，塔身高40米，

苏公塔

塔身中心是用灰砖砌起的一个粗实的圆柱。

维吾尔族优秀的建筑师们，通过塔体展示了维吾尔族优秀的建筑艺术风格。高达40余米的砖塔，自底到顶，都是一种灰黄的颜色，平淡的土砖应该会使人感到乏味、单调，但在聪明的维吾尔族建筑师们别具匠心的砌叠中却也变得不平凡，他们用一块块土砖砌成了十多种不同风格的几何图案，波浪、菱格、团花循环往复，变化无穷。立身塔下，抬头仰视，就仿佛置身在一幅复杂而变幻的装饰画前一样。

塔下的清真寺目前仍在使用，宽敞宏大。这是一个颇具地方特色的建筑物。它有可容纳千人以上的礼拜大厅、穹形的拱顶、造型美观的马蹄形券顶、众多的壁龛、幽暗的布道小室，这些处处都显示着伊斯兰建筑的风格和浓烈的宗教气息。这些建筑都是用阴干的麦秆和生土坯堆砌起来的。以阴干的生土坯砌墙盖顶，建屋造房，这在干燥少雨的吐鲁番地区也是十分普通并具有悠久历史的建筑方法。保存至今的交河、高昌故城，随处可见这种土坯建筑物。据说国内外的建筑专家，已经对这类生土建筑方法产生了浓厚的兴趣。

苏公塔是新疆现存最大的古塔，也是我国百座名塔中唯一一座伊斯兰风格的古塔，1985年被列为国家重点文物保护单位。

高昌故城塔婆式塔

高昌故城位于新疆吐鲁番东20多千米处。公元1世纪时，汉武帝派兵入西域，在这里屯兵。由于这里地势高，且经济繁荣昌盛，故名"高昌"。目前，全城西南部城墙尚完整，其余段口塌落，城中的建筑遗址废墟，到处都是。其中多数佛教寺院堂舍、殿座已成为残迹。在全城东南方向的遗址中，发现有土塔数处，其中有一座土塔，尚存下半部。从中可以看出塔的台基、基座的形象，从而可推知其为一座塔婆式塔（即喇嘛塔的前身）。

这座塔婆式塔的下半部由台基、基座组成。台基分为三层，第一层平面为方形，高20厘米；第二层也为方形，高15厘米；第三层为圆形，高12厘米。基座为十字折角式，每面有三个方形折角，周围总计有20个折角（折角式基座即塔婆式塔的基座，也是后来所建造的喇嘛塔的基座式样），折角基座

高昌故城遗址

的总高度约为60厘米。

　　高昌故城基本上都用土做主要的建筑材料,即土工建筑。这些塔也都用土做建材,故名"土塔"。由于新疆地区雨水少,用土做建材,坚固耐久,非常适宜当地的气候环境。

　　在高昌故城内,主体建筑都是佛教寺院,完整的塔已不复存在。高昌城里的塔基本上都采用塔婆式塔样式。

　　这座塔婆式塔是唐代建造的,为喇嘛塔的前身,它填补了唐代塔婆式塔的空白。对于研究古塔发展史,是非常重要的,也是十分难得的。这对我们研究塔婆式塔(喇嘛塔)也有着重要的现实意义。

塔婆式塔

　　塔婆式塔即喇嘛塔的前身，这种塔出现的时间很早，南北朝时期就已经出现，例如在天龙山、龙门、云岗之大石窟中已有这类塔的雏形，唐、辽都建造过这类塔，当时喇嘛教还未产生。到元代喇嘛教盛行，他们崇祀塔婆式塔，后来将这种塔改叫"喇嘛塔"。

　　大辽时代又出现塔婆式塔，例如房山云居寺北塔即楼阁式塔与塔婆式塔混合式的建筑，它是一种开创式的设计方法：下半部为楼阁式塔，上半部为塔婆式塔，合二为一。除此之外，在蓟州城内偏南的观音寺塔也是下半部为楼阁式塔，上半部为塔婆式塔，这也是一座辽代的塔。

　　塔婆式塔到元代为喇嘛教所崇拜，尊奉塔婆式塔为喇嘛塔。从元代以后均称作"喇嘛塔"，而且逐步地大量建造，引入中原，几乎遍及全国。元代喇嘛塔的代表作首推元代至元八年（1271）建造的北京妙应寺白塔，它的外形十分高大。除此之外，北京护国寺东舍利塔、西舍利塔（还从塔内发现了数十座香泥小塔），少林寺塔林中的庆公塔、古岩禅师塔、月岩长老塔，都是元代的喇嘛塔。明代的喇嘛塔就更多了，它的代表作首推昆明官渡村坝西妙湛寺金刚宝座塔，为明代天顺年间建造。其他如河北邢台开元寺塔林的喇嘛塔。到了清代，喇嘛塔几乎遍及全国。元、明、清三代建造的喇嘛塔越来越多，现在全国各地所见到的喇嘛塔基本上都是明、清时代建造的。

第二节
宁夏古塔

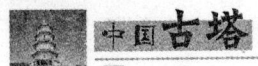

银川一百零八塔

一百零八塔位于宁夏青铜峡市南20余千米处黄河西岸的峡口山东坡上，是由一百零八座覆钵塔组成的大型塔群。塔群依山势自上而下，按一、三、三、五、五、七、九、十一、十三、十五、十七、十九的奇数排成12行，总计108座，形成总体呈三角形的巨大塔群，因塔的数量而得名。此塔群属于喇嘛式实心砖塔，塔体外表涂有一层白灰。从第二行往下，塔身下部均有一个单层八角形须弥座。塔顶一般为宝珠式，塔的高度，除第一层较大，高3.5米外，其余的大约在2.5米左右。塔体形制，大致可分为四种类型；第一行一座，形制较大，塔基呈方形，塔身为覆钵式，面东开有龛门；第二行至第四行，为八角形鼓腹尖锥状；第五行至第六行，塔身呈葫芦状；第七行至第十二行，塔身为宝瓶状。在我国的古塔建筑中，如此众多的塔体组合成群，不仅在宁夏，在全国也是罕见的。

一百零八塔平面布局利用一个山坡，斜面对着黄河急流。最上端为一座，按排向下分布，构成一个大的三角形，共计有一百零八座，排列十分整齐。最下部有基座，十分简洁，座上为一个半球体，它身上没有塔刹，没有铭文。从内到外全部用砖块与黄泥砌出，表面抹黄泥，外表再抹一薄层白灰，全部塔屹立在黄土高原上，色彩异常醒目。

这个塔群的年代从各方面的迹象来看，似是元代建造的。第一点根据：

第九章　西北地区古塔

一百零八塔

县志记述明清时期不建此塔，可以证明它是明代以前的塔。作者分析唐代时没有这样的塔，元代建造这个样的塔是可能的。第二点：北京护国寺两座喇嘛塔已倒塌，在其中出土的香泥小塔与一百零八塔的式样相同。另外在甘肃山丹县已毁的古塔中出土的香泥小塔数十个，也与一百零八塔的式样相同。北京护国寺香泥小塔与甘肃山丹出土的香泥小塔，全部为元代文物。那么间接证明，一百零八塔为元代所建。

一百零八塔是元代所建的一处大型塔群，也是佛教遗迹，根据大藏经的记载，"一百零八"是佛教的术语。佛教尊崇的习惯。例如："一百零八句"，这是《楞伽经》以大慧菩萨用一百零八句问一切大乘之法门，佛用一百零八句答之。其他如"一百零八结业"、"一百零八烦恼"、佛教建筑台阶一百零八阶，念经要念一百零八遍、敲钟要击一百零八声。那么建造佛塔也要建造一百零八个，因此才成为一百零八塔的塔群。

关于一百零八塔的形制，为什么建造这个式样？属于什么塔的范围？这又是一个大的问题。一百零八塔的式样，只有基座，而没有塔身，又没有塔刹，用一个大圆球，这种式样的塔应当归属于无缝塔中，也就是说它属于"中国窣堵坡式塔"的范围。在元代有这样一座塔群，就建筑史来看确实是十分重要的。当时建塔，也可能是全部建造的喇嘛塔，也许塔脖及塔脖子以上全部毁掉了？

银川海宝塔

海宝塔，俗称"北塔"位于宁夏回族自治区银川市北郊海宝塔寺内。经十六国夏国赫连勃勃重修，康熙、乾隆年间，因地震破坏，也重修过。

海宝塔属于仿楼阁式砖塔，连同塔基共十一层。塔的四角和出轩部分的顶角向上延伸成十二条棱线，束向塔顶的方形刹座；刹座上是一个用绿色琉璃砖砌成的形体庞大的桃形四角攒尖刹顶，虽无相轮、华盖、宝珠之类的装饰，却甚为壮观，此种造型的佛塔，实属罕见。

海宝塔始建年代不详。明、清两代志书言其"盖汉、晋间物"。海宝塔自古以来是宁夏有名的佛教寺院，每逢农历初一和十五，各地善男信女络绎不绝地来寺烧香拜佛，这时不仅能观赏凤凰城的名胜古迹，领略民族风情，还能品尝塞上的瓜果和银川的风味小吃，别有一番情趣。塔的平面呈方形，外形棱角分明，层次丰富，为我国佛塔中所仅见。海宝塔挺拔俊俏，明、清时期，被列为宁夏八景之一，称"古塔凌霄"。登上塔顶，极目远眺，塞上江南美景尽收眼底。

海宝塔

第九章 西北地区古塔

知识链接

海宝塔的传说

当地民间传说，以前银川北面有一个臭气冲天的烂碱湖，里面住着一条独眼龙。它闭眼打盹儿的时候，人们还能过一点安宁日子，等它一打呵欠伸懒腰时，就会臭水翻滚，雷声阵阵，逼得人们四处逃荒。有一年，这条恶龙又伸懒腰打呵欠，还翻开了身子。正当大难快要降临时，突然一道红光闪过，待红光散尽后，人们发现一座宝塔压在了恶龙的眼上——这就是海宝塔。此后，恶龙再也没有折腾过。

银川承天寺塔

承天寺塔位于银川市西南角的承天寺内，又有"西塔"之称。始建于西夏毅宗天祐垂圣元年（1050年）。它与凉州的护国寺、甘州的卧佛寺，同是西夏著名的佛教寺院，反映了西夏民族对佛教的信仰。

明代初年，承天寺已经损毁，唯独只剩"孤塔一座"。乾隆三年（1738年）的强烈地震又使塔身受到严重损坏。现在的塔是清嘉庆二十五年（1820年）重建的。

承天寺塔虽非原建，但仍保留了西夏原塔的基本造型。塔总高64.5米，共11层，为砖砌楼阁式塔。平面呈正八边形，楼梯设于塔中心。内部是"一"字通道式空间，每

承天寺塔

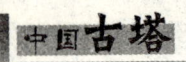

层交错有致，奇数层为东西向，偶数层为南北向，顶层为"十"字形空间。塔的外形简洁明快，没有辽、宋古塔复杂华丽的砖雕斗拱和佛像雕饰。

第三节 陕西古塔

西安大雁塔

大雁塔位于陕西省西安市南郊大慈恩寺内，故又名"慈恩寺塔"，是全国著名的古代建筑，被视为古都西安的象征。

大雁塔建于唐高宗永徽三年（652年），用于存放高僧玄奘从印度带回的佛像和佛经。大雁塔初建时只有5层，改建时添为10层，现存7层，高64米。从第一层往上逐层内收，形如方锥体，非常稳固。塔内设木梯楼板，可以逐层上登，远眺四方。大雁塔造型简洁，气势雄伟，具有明显的时代风格，既是寺庙建筑艺术的杰作，也是研究我国古代建筑的珍贵实物。

大雁塔由于屡遭人为破坏，加之自身结构等问题，在1719年就发现塔身倾斜。上世纪60年代，大雁塔周边过量开

陕西西安大雁塔

采地下水，使承压水位大幅下降，引起地面大范围的不均匀沉降，加速了古塔倾斜下沉。到 1985 年已倾斜了 998 毫米，至 1996 年，古塔向西北方向倾斜达 1010.5 毫米，平均每年倾斜 1 毫米。后经有关部门长达 20 多年的综合整治，大雁塔的倾斜状况已明显趋于缓和和稳定，2005 年倾斜量为 1001.9 毫米。至 2011 年，大雁塔更停止倾斜，平均每年"回位"1 毫米。

西安小雁塔

小雁塔，又有"荐福寺塔"之称，位于陕西省西安市南门外友谊西路南侧的荐福寺北端。建于唐中宗景龙元年（707 年），是为了保存佛教大师义净从印度带回的佛经、佛像而修建。

小雁塔与大雁塔相距 3 千米，东西相对，如同昆仲。小雁塔和大雁塔齐名，也是西安的重要标志。因为相比大雁塔较小，建造时间也较晚，所以叫做"小雁塔"。虽历经千百年的风雨沧桑，但它仍保存着唐塔的原貌。从古建筑的角度看，它比大雁塔更具有研究价值。

小雁塔为密檐式方形砖塔，初建成时为 15 级，高约 46 米。后由于多次地震，导致塔身受损，如今只存有 13 级，高约 43.3 米。塔下为方形基座，塔身第一层特别高大，边长为 11.83 米。每层南北辟门，以青石砌成其门框，门楣上用线刻法，刻有花纹图案，如供养天人图和蔓草花纹。其刻工精巧细致，线条匀称流畅，集中反映了初唐时期的艺术风格。底层壁面简洁，末尾放有倚柱、阑额、斗拱等。第一层塔身上的各层檐子之间距离较小，只有南北辟小窗，以供采光通风。所出密檐均以叠涩方法挑出，下面出菱角牙子，菱角牙子上叠出层层略微加大的挑砖十五层，使塔檐的弧线呈现向内曲的趋势。这是唐代密檐塔的特点。塔的外形逐层收缩，五层以下收缩甚小，自六层以上的塔身外形急剧收缩，

西安小雁塔

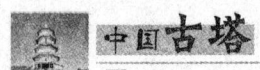

使塔的上部呈现自然流畅的外轮廓线。塔身内部为空筒式结构，塔室呈方形，设有木楼层，有木梯盘旋而上。但塔内空间小，光线差，不便向外眺望。

　　小雁塔的造型和结构都堪称早期密檐塔的代表作品。整座塔玲珑秀气，别具风采。它经受住了地震和战争的摧残，虽已破裂，但却没有坍塌。为拯救这一历史文物，国家拨款维修，于1965年修缮告竣，而且也实施了一些加固措施，即在二、五、七、九、十一层各置一圈钢箍，在塔顶增加了防水设施，并安装了避雷针，但仍没有恢复到早期15层的原貌，也许这样更显其历史的悠久。现在已设立了专门的管理机构和文物陈列室，成为人们乐于游览观光的好去处。该塔已于1961年被列为全国文物保护单位。

知识链接

大小雁塔的命名

　　关于大雁塔的命名历代主要有两种说法：

　　一种说法是源于玄奘西域取经的故事：玄奘当年去西土取经，在西域葫芦滩上迷了路，走了四五天也没寻到出路。危急之中，他双手合十，开始念经祈祷，刚念三遍，空中传来雁声，飞来一大一小两只斑头大雁，将他带出了葫芦滩。后来玄奘为报答那两只大雁，倡议修建了大小两座雁塔。

　　另一种说法是源于佛祖修行的故事：佛祖释迦牟尼当年修行时，在一座古庙中被洪水所困，连续十日没有吃喝。洪水退后，空中飞来一群大雁，佛祖心想："如果天上的大雁能自己掉下来就好了。"这时空中果然落下几只大雁。佛祖转念一想："平白无故地大雁怎么会自己掉下来呢？这一定是在试探自己。"于是佛祖便隆重地埋葬了大雁，并在埋葬大雁的地方修了一座塔，称为"雁塔"。各地的雁塔都是为纪念佛祖修行中"十日断粮，不动邪念"的诚心而建的。

长安香积寺善导塔

　　香积寺善导塔位于陕西省西安市长安县潏滈两河交汇处的香积村香积寺内。香积寺为唐代著名的古刹，始建于唐中宗李显神龙二年（706年），是佛教净土的门徒为了纪念第二代祖师善导而修建的。香积寺依山傍水，昔日殿宇雄伟，气势磅礴，古塔高耸，香烟缭绕，古木参天。唐代诗人王维曾写《过香积寺》予以赞美："不知香积寺，数里入云峰。古木无人径，深山何处钟。泉声咽危石，日色冷青松，薄暮空潭曲，安禅制毒龙。"

　　善导塔，平面呈方形，底层边长9.5米，顶层不足4米，外轮廓呈方尖锥体，是唐塔中罕见的方塔。塔为仿木结构密檐式，砖砌十三层，历经风雨侵蚀已经残破，如今存有十一层，高33米。底层较高，以上各层逐级递减，但密檐之间的距离比一般密檐塔大，边宽也由下至上递减，每层各面都有四根砖砌凸起的方形倚柱将每面划分为三间，其中间为券门，两侧为假窗，底

西安香积寺善导大师塔

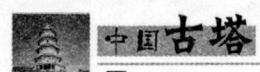

层东、西、北三面各有券行龛一个，南面辟门，塔身用赤色描绘柱枋、斗拱和窗棂的结构。塔门上题有"涅槃盛世"四个大字，这是在清乾隆年间重修寺庙时刻上去的。塔内中空到底，室内呈方形，每层用木楼板隔开。1979年至1980年，对善导塔的基台座、塔身、塔檐加固维修，并增设有塔内楼梯，可以沿梯而上，直登至塔顶，从每层每面的一孔券门窗向外眺望，近看平畴万顷，良田阡陌；远望终南山奇峰巨石，飘渺云烟，十分壮丽。

知识链接

光明和尚

善导（613—680年），也称"光明和尚"，自幼出家，是佛教净土宗创始人之一。他在光明寺期间，大力宣传净土信仰。相传曾著有《弥陀经》10万卷，画净土变相300壁，长安僧俗对他十分尊崇，他门下信徒较多，在他圆寂后，门徒便为他建塔以示纪念。净土宗教义于公元8世纪传入日本后产生了很大影响，他们尊崇善导为高祖。

延安宝塔

延安宝塔位于陕西省延安市东侧延河岸边嘉岭山的土山上。前临延河，气势雄伟。因其塔建于山顶，所以土山也叫做"宝塔山"，塔也跟着称之为"宝塔"。塔建于明万历三十六年（1608年），清代曾经多次予以修葺，所以现在塔的外檐几乎全为清塔风格。塔地处东山战略要地，周围无庙，可用于军事防御。

塔呈平面八角形，九层砖砌，高44米，为楼阁式。第一层塔身特别高，

第九章 西北地区古塔

宝塔山宝塔

开有南、北两门，门额刻有"俯视红尘"和"高超碧落"八个大字，用以描述此塔的雄伟英姿。塔身顶部以砖砌叠涩挑出短檐。从第二层往上的每层塔身都交错分布着通光的券形窗孔，但窗孔没有统一，且不具规则。塔顶为八角攒尖式，塔刹已经损毁。塔内有盘升蹬道，可以凭此登塔俯瞰全城美景。塔旁有一口明崇祯元年（1628年）铸造的铜钟，高1.5米，直径为1.06米，上部绘有佛教莲花纹饰，下部绘有道教的八卦纹饰，这在当时是用来报时、报警的。

  延安是中国革命的圣地。1937年至1947年，中共中央就在这里领导全国人民进行抗日战争和解放战争。延安宝塔也就成为了革命圣地的象征。

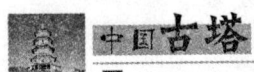

知识链接

甘肃敦煌白马塔

白马塔位于甘肃省敦煌市古城南部的党河乡红星村内，建于公元386年，相传是为了纪念北凉时期的高僧鸠摩罗什在东传佛教期间，路经敦煌城时死去的白马而修建的。白马塔共9层，高12米，直径约为7米。该塔为土坯垒砌，中间有一立柱，外壁以草泥、石灰涂抹。

第一层呈八角形，是用条砖包砌的，每角面宽3米；

第二层到第四层为火折角重叠形；

第五层下有环绕一周的乳钉，上有仰莲花瓣；

第六层为覆钵形塔身；

第七层为相轮形；

第八层为六角形的坡刹盘，每角挂风铃一只；

第九层为连珠式塔尖。

在第二层上有两块镶石、一块镶木，石上刻有"道光乙巳桐月白文采等重修"字样；木上写有"民国二十三年八月拔贡朱文镇、吕钟等修"字样。这足以证明此塔已经历过多次修缮，现存的白塔具有明代喇嘛塔的风格。据记载，白马塔于1930年还出土过一座0.9米的黑石造像塔，上面刻有《金刚经》，但不久便不知去向，至今下落不明。如今，白马塔四周绿树葱葱，青瓦幽舍，微风吹来，铎铃声声，悦耳动听，实为敦煌一大盛景。

扶风法门寺塔

法门寺塔坐落于陕西省扶风县城北10千米的崇正镇。法门寺历史悠久，

第九章 西北地区古塔

是隋唐佛教四大圣地之一，始建于东汉，起初命名为"阿育王寺"。阿育王是古天竺的国王，笃信佛法，在世界各地建立了古塔84000座，而扶风法门寺塔只是其中之一。因其塔而修其寺，寺和塔多次经过兴建和废弃，到公元625年才叫做"法门寺"，塔也随之改名为"法门寺塔"。

　　法门寺是我国境内珍藏释迦牟尼真身舍利的十九座寺庙之一，佛骨藏于塔下地宫。唐代帝王崇尚佛法，曾先后在此举行迎送佛骨法会达七次之多，还将埋藏在塔下地宫的佛骨迎入宫中供世人瞻仰，然后送回地宫封供。据记载，法门寺塔原本是四层木塔，下有地宫，除了藏有佛骨之外，还有唐皇室供奉的大量金银珠宝、法器、锦缎衣饰等。公元1569年，关中发生大地震，法门寺塔在地震中坍塌。明万历七年（1579年），神宗赐银数万两重建此塔，历时30年得以竣工。新建的塔为砖砌楼阁式，平面八角十三层，高60余米。第一层塔身有八面，南面开塔门，上有石匾，其书"真身宝塔"四个大字。除了南面以外，其他三面也有石匾。东为"浮图耀日"，北为"美阳重镇"，西为"舍利飞霞"。其余四面为八卦，以记方位。塔身的第一层檐下，用砖刻制出垂爪柱、帐幔和斗拱、椽子等构件。从第二层到第八层，檐下均刻出额枋、斗拱，以叠涩出檐。八层以上各层仅作叠涩出檐，而无斗拱和其他构件，

西安法门寺塔

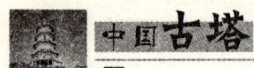

可能是后代重修改建的。第十三层已损毁，做成了八角形圆盖。塔刹为铜覆钵、宝珠。塔的第二层到第十二层共有88个佛像龛，每龛都放置有1~3尊铜佛或菩萨造像，共计104尊，大的佛像形如真人，小的只有0.2米左右。塔上的造像庄严肃穆，铸造技术精湛别致。这些造像组成了一座佛教艺术的珍贵宝库。

图片授权

全景网

壹图网

中华图片库

林静文化摄影部

敬 启

本书图片的编选，参阅了一些网站和公共图库。由于联系上的困难，我们与部分入选图片的作者未能取得联系，谨致深深的歉意。敬请图片原作者见到本书后，及时与我们联系，以便我们按国家有关规定支付稿酬并赠送样书。

联系邮箱：932389463@qq.com

参考书目

1. 谢宇主编．建筑科普馆：传承久远的古塔建筑．天津：天津科技翻译出版公司．2012
2. 刘祚臣著．中国史话：古塔史话．北京：社会科学文献出版社．2012
3. 金东瑞著．中国古塔：中国文化知识读本．长春：吉林文史出版社．2012
4. 李德喜，谢辉编著．湖北古塔．北京：中国建筑工业出版社．2011
5. 王川著．塔：王者之居．北京：东方出版中心．2011
6. 张驭寰著．传世浮屠——中国古塔集萃．天津：天津大学出版社．2010
7. 吴宜先著．中国塔文化与九江古塔．南京：长江出版社．2008
8. 王小兰主编．建筑文化解读丛书——塔．北京：中国人民大学出版社．2007
9. 徐华铛编著．中国古塔造型．北京：中国林业出版社．2007
10. 赵克礼著．陕西古塔研究．北京：科学出版社．2007
11. 包泉万著．古塔的故事大地人文看点丛书．济南：山东画报出版社．2005
12. 孙建华编著．漫步古塔名楼．北京：中国社会科学出版社．2005
13. 江建民，侯伟著．北京的古塔．北京：学苑出版社．2003
14. 乔吉，马永真主编．内蒙古古塔．呼和浩特：内蒙古人民出版社．2003
15. 陈泽泓著．中国古塔走笔．广州：广东人民出版社．1997

中国传统民俗文化丛书

一、古代人物系列（9本）
  1. 中国古代乞丐
  2. 中国古代道士
  3. 中国古代名帝
  4. 中国古代名将
  5. 中国古代名相
  6. 中国古代文人
  7. 中国古代高僧
  8. 中国古代太监
  9. 中国古代侠士

二、古代民俗系列（8本）
  1. 中国古代民俗
  2. 中国古代玩具
  3. 中国古代服饰
  4. 中国古代丧葬
  5. 中国古代节日
  6. 中国古代面具
  7. 中国古代祭祀
  8. 中国古代剪纸

三、古代收藏系列（16本）
  1. 中国古代金银器
  2. 中国古代漆器
  3. 中国古代藏书
  4. 中国古代石雕
  5. 中国古代雕刻
  6. 中国古代书法
  7. 中国古代木雕
  8. 中国古代玉器
  9. 中国古代青铜器
  10. 中国古代瓷器
  11. 中国古代钱币
  12. 中国古代酒具
  13. 中国古代家具
  14. 中国古代陶器
  15. 中国古代年画
  16. 中国古代砖雕

四、古代建筑系列（12本）
  1. 中国古代建筑
  2. 中国古代城墙
  3. 中国古代陵墓
  4. 中国古代砖瓦
  5. 中国古代桥梁
  6. 中国古塔
  7. 中国古镇
  8. 中国古代楼阁
  9. 中国古都
  10. 中国古代长城
  11. 中国古代宫殿
  12. 中国古代寺庙

五、古代科学技术系列（14本）
1. 中国古代科技
2. 中国古代农业
3. 中国古代水利
4. 中国古代医学
5. 中国古代版画
6. 中国古代养殖
7. 中国古代船舶
8. 中国古代兵器
9. 中国古代纺织与印染
10. 中国古代农具
11. 中国古代园艺
12. 中国古代天文历法
13. 中国古代印刷
14. 中国古代地理

六、古代政治经济制度系列（13本）
1. 中国古代经济
2. 中国古代科举
3. 中国古代邮驿
4. 中国古代赋税
5. 中国古代关隘
6. 中国古代交通
7. 中国古代商号
8. 中国古代官制
9. 中国古代航海
10. 中国古代贸易
11. 中国古代军队
12. 中国古代法律
13. 中国古代战争

七、古代文化系列（17本）
1. 中国古代婚姻
2. 中国古代武术
3. 中国古代城市
4. 中国古代教育
5. 中国古代家训
6. 中国古代书院
7. 中国古代典籍
8. 中国古代石窟
9. 中国古代战场
10. 中国古代礼仪
11. 中国古村落
12. 中国古代体育
13. 中国古代姓氏
14. 中国古代文房四宝
15. 中国古代饮食
16. 中国古代娱乐
17. 中国古代兵书

八、古代艺术系列（11本）
1. 中国古代艺术
2. 中国古代戏曲
3. 中国古代绘画
4. 中国古代音乐
5. 中国古代文学
6. 中国古代乐器
7. 中国古代刺绣
8. 中国古代碑刻
9. 中国古代舞蹈
10. 中国古代篆刻
11. 中国古代杂技